云南百位历史名人传记丛书

中共云南省委宣传部◎编

云南出版集团
云南人民出版社

图书在版编目（CIP）数据

书画高僧——担当 / 李栋著. -- 昆明：云南人民出版社，2019.3

（云南百位历史名人传记丛书）

ISBN 978-7-222-17980-6

Ⅰ. ①书… Ⅱ. ①李… Ⅲ. ①担当（1593-1673）-传记 Ⅳ. ①K825.72

中国版本图书馆CIP数据核字（2019）第011695号

出 品 人：赵石定
责任编辑：朱　颖
装帧设计：马　滨
责任校对：周　彦
责任印制：李寒东

书名	**书画高僧——担当**
作者	李　栋　著
出版	云南出版集团　云南人民出版社
发行	云南人民出版社
社址	昆明市环城西路609号
邮编	650034
网址	www.ynpph.com.cn
E-mail	ynrms@sina.com
开本	889mm×1194mm　1/32
印张	8.125
字数	150千
版次	2019年3月第1版第1次印刷
印刷	云南新华印刷二厂有限责任公司
书号	ISBN 978-7-222-17980-6
定价	26.00元

如有图书质量与相关问题请与我社联系

审校部电话0871-64164626　印制科电话0871-64191534

《云南百位历史名人传记丛书》

编委会名单

总　序

丛书编委会

历史长河浩浩荡荡！中华文明自滥觞至汇聚千流，涵纳万水，奔腾迭起，云蒸霞蔚，延五千年之长史，至今生机勃然，是迄今世界上唯一保持完整且衍传有序、光耀于人类的伟大文明。

习近平总书记指出：一个国家、一个民族的强盛，总是以文化兴盛为支撑的。中华民族是具有非凡创造力的民族，我们创造了伟大的中华文明，实现中华民族伟大复兴的中国梦，必须弘扬中国精神。以爱国主义为核心的民族精神，以改革创新为核心的时代精神，是兴国之魂，强国之魂。

云南，是祖国西南神奇、美丽、富饶的宝地，是中华文明中极具特质和创造潜力的丰美之乡。云南少数民族文化是中华民族文化的重要瑰宝。长期以来，云南大地上，各民族和睦与共，相濡相生，共同创造了色彩瑰丽、形态多元、底蕴厚重、影响深远的历史文化，为我们留下了珍贵的精神遗产。人，是历史的镜子，是历史最生动的环节，人民是历史的主人和创造主体。在人类历史的进程中，一个个不同时期的代表人物产生过一些不同的影响。“云南百位历史名人传记丛书”就是这样一丛历史的记录，一百位历史名人，虽未必尽能概全，各位历史人物的代表性也不尽相同，但都是“追梦人”，是振兴民族伟大理想的传薪人、探索者和实践家。

在这些代表人物中，无论是拓土开疆的将帅勇者，还是蹈海酬志的大国使节；无论是志于传播文明的鸿儒巨擘、先哲贤士，还是为民族独立解放而高歌猛进、慷慨捐躯的群雄英杰，都贯注了这一重要精神。正是以他们为代表的云南各族人民创造并抒写了可歌可泣的英雄史章，熔铸了坚韧不拔、奋为人先、包容博大、敢于担当的精神品质，才使云南在中华文明的长史中闪耀着特有的光辉。尤在近代中国，在辛亥护国风云中，在反对外辱保卫祖国边疆维护民族尊严、抗击日本法西斯侵略中，云南站在历史前台，以中华群雄的不屈身影演出了一幕幕豪迈悲壮的历史大戏，也更涌现了一批足以彪炳史册、光照后人的杰出人物。这一切，给予中国历史进程深远的影响。

今天，实现中华民族伟大复兴之梦，谱写富民强滇中国梦的云南篇章，需要以中华文化发展繁荣为重要条件，这就需要接续这一光荣而伟大的精神传统，在继承中创新，在创新中发展，在发展中超越。云南正处于一个新的历史起点上，需要大力挖掘历史文化资源，聚合更强大的精神动力，为推动我省科学发展、和谐发展、跨越发展凝心聚力。为此，我们组织省内外专家学者编写出版了“云南百位历史名人传记丛书”。这对加强我省各族人民，尤其是青年一代对历史的了解、认同，爱国爱乡爱民并甘于奉献，对提升优秀精神品质，形成团结奋斗的共同的思想基础，坚定推进富民强滇的信心和决心，显然有着重要的现实意义和切实的助力。

一百位历史人物，所处历史时期并不相同，其历史作用也有差异，甚至就个人的全面历史评断方面也难以等量趋同。但我们以为这些留存史迹的人物，所以传扬至今，为后世崇奉，均有他们共同的历史向度和价值取向，我们学习这些历史人物，至少应当着重于以下几个大的方面，即“守大德、重大义、集大成、有大度、达大观”。

守大德，即恪守道德规范。“德者，本也。”（《礼记·大学》）“大德”既是国家民族的根本利益所在，也是中国文化中最核心的价值理念及标准。古语“行德则兴，背德则崩”，不仅是资政经验，也是个人修习完善的根基。所谓“厚德载物”，直观的理解，就是如果德行浅薄，是不能兴物成事，更不能造就伟大功业的。云南历史文化名人，大多以德立身，大节不移，并对此恪守坚定，一以贯之；始终保持正确信念和理想，并为之奋斗到底。这是我们首先要学习尊崇的。

重大义，即以国家民族利益的需要为个人行为取舍的标准。有大义，才有大爱。这些先贤无不爱云南爱乡土，以兴业乡梓、造福一方为己任。尤在国家民族命运攸关、生死存亡的关头，这些令人崇敬的先辈，大义擎天，逢难不避，敢于担当，责无旁贷，勇往直前，不惧牺牲。一个心存天下大公的人总会在不经意的一瞬决定大义的选择，这是社会进步的希望所在，更何况实现中华复兴的伟大梦想，还有很多异常艰危的事业在等待我们去克难攻坚。所以，举凡大义、为民为国、全身而进的精神是我们应当效法崇尚的。

集大成，“知类通达，强立而不反，谓之大成”。这些历史人物留下的足迹，予人深刻启迪。他们无论是出将入相，还是布衣一袭，均勤学不辍，求索不止，在追求真理和知识的道路上刻苦务实，义无反顾，永无终期，故能成大器，胜大任，不辱使命。今天，世界进入知识信息时代，软硬实力决定一个国家能否赢得发展机遇，乃至自立于强国之列的地位。其紧迫性不亚于先辈梦想中国富强的百年期许。但今天所谓“集大成”，是更高更大更具有生存挑战性和发展战略性的，是集世界之“大成”，集政治经济、科技文化、制度建设、社会发展等一切领域“总成”，玉成中国梦的空前伟大的事业。所以，先人刻苦自律、博学精进的学习精神我们应当秉持继承。

有大度，即要有开放包容的胸怀。云南历史文化名人的一个共通品质，也是一个显著特点就是，即使身处僻远，总能破除狭隘与陋见，以宏大度量，兼容并包，接纳先进，吸收优异，团结一切可以团结的力量，聚合一切可以聚合的资源，总成一股创造历史的宏大动力，来完成伟大的事业。哪怕是割股舍己，也在所不惜。今天，云南要实现跨越式发展，保持开放包容的胸怀尤其重要。所以，先辈“天下云南”的大度我们应当弘扬光大。

达大观，即要眼观天下，达察全局，与时俱进，审时知变，敢为人先。推动云南社会历史进步的代表人物，无不目光远大，胸怀全局，对世界潮流、时代嬗变，都能审视洞悉，并欣然顺应规律，故能在历史转折的关键时刻做出正确选择，成就改天换地的一番伟业。古语有“小智自私”“达人大观”，是将为个人谋私的小智谋与担当天下兴亡的大智慧尖锐对比而言的。否则，“其兴也勃焉，其亡也忽焉”。一个为民为国而应用心智的人，必然有达观天下的心怀，也由此激发潜能、超迈寻常，而使人生境界也更加美好而宏丽。遍观世界文明史，许多影响人类进步的伟大创新，正是以此为动力和起点的。今天，中国经济社会的快速发展，国家的日益强大，正为实现中华民族伟大复兴的中国梦开拓了无限广阔的道路，也为个人实现自身价值创造着更加富实的前景。所以，先辈们达观天下的精神我们应当引为楷模。

我们对志向高远、仰观天下、俯察民情、甘为路石、慨当以慷、求真务实的历史名人，心存景仰，并愿与千千万万的读者，尤其是青年朋友一道学习弘扬。

组织编撰“云南百位历史名人传记丛书”是一项重要的文化工程，编撰出版人员都做出了艰苦的努力，但由于众手修书，书稿层次不一，成书体例难以做到完全一致，对存在的不足敬请读者批评指正，我们将虚心接受，并在修订再版时一并吸纳修改完善。

目录 // MULU

目录// MULU

目录// MULU

目录 // MULU

◆ 隐居鸡足山

◆ 晚归感通寺写韵楼

◆ 参考书目

晋宁诞生大才子

诗书画三绝明季以还人少有，
侠儒释一身滇南从来史所无。
——晋宁盘龙寺担当雕像联

大来出生

明朝万历年二十一年，也就是公元1593年旧历三月十二日，一个春意盎然的日子。

云南晋宁州上东街唐府有一件大喜事，那就是唐家将要添新口了，唐解元（解元：乡试第一名）的大儿媳郭氏即将分娩，一家人颇是紧张，除了解元公外，大家忙里忙外张罗着。

用我们现在的目光，去审视1593年的晋宁州，这个位于滇池南岸的大明帝国的城池并不是很大，护城河也不很宽阔。与其说是一条护城河还不如说是一条宽一点的河沟。城里房屋除了州府永乐宫和一些大户人家是瓦房外，多是前铺后住院的草屋，民居多为“一颗印”或“一把伞”结构，采用三间四耳的四合院布局，抬梁穿斗式屋架，重檐歇山结合，门窗为古朴典雅的雕花格子门窗，雕龙饰凤，一花一木精致美观。民居内有天井，中央置花坛，可谓之为“井（锦）上添花”。 晋宁州城的街道颇有格局，青石板街道被“逢七为市”（即每遇初七、十七、二十七的街子天）赶集的人的脚和各种牲畜的脚磨得很光滑。因为晋宁当时集的规模很大，每次赶集都会有数千人，摩肩接踵，热闹非凡。

城中上东街的唐府，可以说是晋宁州的标志性建筑。坐东望西，门临上东街，大门雕梁画栋，檐角高高翘起，

唐氏族谱担当画像

门前红砂石的柱礅，两个石狮雄立。

走进大门后，前堂门额上有匾。是唐琦的手迹：“绍箕堂”“南渡流芳”。房屋均为几组“一颗印”式样的房屋结构，又是天井套着天井，房屋套着房屋，上东街几乎被占去大半，只是显得有些陈旧，但还是保持着大户人家的尊严。

解元公唐尧官在绍箕堂的书屋里，无心谈论琴棋书画，也无心写自己前日偶有所得的诗，而是坐立不安地等待大儿媳分娩的消息。

大儿子懋德到省城游学，虽已派人从滇池快船去报讯，然而不知在哪个朋友家中，一时半会儿还通知不上。大儿媳又是高龄生育，今年三十七岁了。产婆已进屋了半日，仍不见动静，让解元公唐尧官显得有些坐立不安，心里喜忧参半。

大儿子懋德年过三十六岁一直没有生子，成了唐尧官老爷的一块心病。这些年，自己除虽屡屡参与考试一直落第后，其余都还算顺畅：生了四个儿子，三个儿子很有建树，尤其是大儿子懋德颇为讨人喜爱，读书为文都样样出色，尤其作诗颇有怀古新意，颇有自己之风范。一次乡试下来都位列前十名，今后再往下考的话，至少能超越自己的解元吧。一想到自己除了考得了解元外，屡屡勤奋考试，却屡屡不中，这一直是唐尧官心里的一大心病，让他耿耿于怀。然而他还有最大的心事，就是自己的大儿子懋德夫妇结婚十多年却一直没有生育，大儿子无后，让唐尧官很是难堪，甚至是心中充满了不快，真是有苦还只得藏在心里。

他急，儿子更急。为求子嗣，儿子懋德以戒杀生，常常念佛施舍，多做功德，还去盘龙山的盘龙寺求嗣多回。到了去年儿媳妇终于有了身孕，喜得全家又是谢儿媳妇，又是到盘龙寺送灯油。唐尧官更是咏诗多首，并辑入自己的诗集《五龙山人集》中，留作纪念。

如今，儿媳妇终于到了分娩之日，唐府上下都极为重视，全部人都急得团团转，可自己儿子又到省城游学，颇有些令人着急。

“老爷，老爷！”家人唐安匆匆忙忙地跑了进来。

“情况怎样？生了吗？”唐尧官瞪大眼睛，摒住呼吸，死死地盯着唐安。

“老爷，太好啦，大喜讯啊！”唐安喜悦地向唐尧官汇报，“少奶奶生了一位公子啦！”

“真的！那可太好啦！”唐尧官重重地把手中的水烟筒顿在地上，随即哈哈大笑说：“快快快，通知锜老爷家和钟老爷家，发单给各房各家，就说懋德生儿子啦，要庆贺一下。这孩子平安降生，就叫泰吧，他终于来到了唐家了，干脆这孩子的字就叫大来吧。”这么一来，唐尧官即兴而发为孙子起了名。

“是，老爷。”唐安转身而去，而喜得孙子的唐尧官却还沉浸在高兴之中。但转念一想自己的儿子懋德有了儿子还在外面不回，心中又有些埋怨：“这孩子，自己都有儿子了还不知道。游学游学游个什么学！还好母子平安，真是万幸。”

那一年，正是在大明朝还比较稳定的时期，在一个阳春三月的日子里，唐泰出生于晋宁州上东街的晋宁“四大家族”之一，世代为官的唐家可以算得上是晋宁的一个大户之家吧。

当然，关于唐泰的出生，在当时有一个传说，这个传说后来得到流传和演绎，一直说得神乎奇神，连唐泰都信以为真，他把这一传说告诉了朋友，他的朋友也是这样向别人讲述。

说的是唐泰的母亲郭氏怀孕即将到分娩的时候，有一天，她做了一个非常美妙的梦，她梦见白云飘飘、亭台楼榭耸入云霄、高山翠绿，那场景就像仙境一般。在这个背景的映衬下，一只长脚、雪白羽毛，黑头一点红的仙鹤振翅向她飞来，并向她鸣叫不已，这样美好意境的梦让她不愿醒来。

在这个意境颇为美好的梦醒来之后，母亲就生了唐泰。

这个呱呱坠地的男孩，在晋宁唐家为第七代孙，却有着今后非凡的人生经历。

他就是后来闻名于世的诗、书、画“三绝”的担当大师。

晋宁唐家

说起晋宁的唐家，在大明朝还颇有些来头！可以说是名门之后，在洪武年间跟丞相胡惟庸有些联系。

话扯远了说，那还要从大明开国之初说起，唐家的高祖叫唐胜宗，十八岁时就参加了明太祖朱元璋的队伍，并跟随朱元璋渡过长江，在徐达的麾下南征北战，攻克过常州、安庆、南昌等地。打败过陈友谅之兵；后来随徐达讨伐中原攻下了汴梁、归德、许州、延安，屡立战功。后在大明洪武二年官封延安侯。在大明朝，平定了浙东山贼叶丁午的叛乱，并带兵镇守辽东，和高丽打交道，并识破了高丽使者的奸诈诡计，受到朱元璋的表彰。他镇守辽东七年,很有威信。后来因胡惟庸一案(丞相胡惟庸权高位重，一意专行，朝廷上生死人命和升降官员等大事，有时自己处理，不向朱元璋报告。和一些戴罪被谴责的军官，甚至和日本人有勾结,竟派部下下海招倭与期会。洪武十三年，东窗事发，朱元璋便以擅权枉法的罪状杀了胡惟庸，趁此机会取消了中书省，不再设丞相。史称胡惟庸案），唐胜宗被认为和胡惟庸的同党,受到了牵连，最后被废除爵位。

当时，正值大明要迁移数十万人口到云南，充实蛮荒之地，一批一批的南京等地的人都往偏远的云南迁徙。皇帝朱元璋便下圣旨，把唐胜宗一家人从富饶的浙江淳安谪贬到偏远的云南晋宁州戍守边疆。这在以残酷刑法著称的明朝来说，这是比较轻的惩罚了。

死里逃生的一家人匆匆忙忙收拾行装准备出发，去在他们想象中的不毛之地的云南边疆。

可是全家还未动身，受不了打击的唐胜宗就在忧愤中去世了，一家人当即乱作一团。按照当时的惯例，父亲死亡后，应该由长子唐瑶代替到晋宁州戍守。还必须在规定的时间里出发，不得有误，否则性命难保。在南迁命令紧急的情况下，唐瑶只得准备启程，唐瑶的兄弟唐环从小就跟哥哥形影不离，哪里能离开自己的哥哥一刻，他哪里能让哥哥一人到千里之遥，何况哥哥也离不开弟弟，兄弟俩真是愁个不停。哥俩一合计，干脆全家一起都去偏远的云南吧，兄弟好歹有个照应，死活都在一起了。于是，唐瑶唐环兄弟收拾了浙江的家当，侍奉着母亲。丧事也不办了，扶着父亲的灵柩棺木，踏上了南下之路。这是一次痛苦而悲壮的家族大迁徙，一路上的痛苦自不必说。但是他们家的迁徙仅是大明大举南迁的二十万户之一，在朱元璋眼里，只是处理触犯他的人最慈善的方法了，若是对待其他的人，不株连九族才怪。

从来没有走过那么远的路，唐瑶唐环兄弟一家人一路向西南边陲而来，风餐露宿，越走越偏僻，越走越艰难，这些都不算什么了，因为他们得到保全生命，这是最重要的！

经过长途的跋涉，他们千里迢迢地来到戍守之地——陌生的云南晋宁州州府上东街落下了脚，建了房暂且住下，算是又安了家啦。

唐家兄弟举父棺南迁的故事当时被人们啧啧赞叹，世人被唐家兄弟的这一举动感动不已。被后世研究朱元璋移民云南的研究者随时引用，奉为移迁经典事例。

唐瑶唐环兄弟请来了风水先生，在晋宁州踏勘地形，挑选墓地，最后选定的城南门外的铜坪山上一处风水宝地，把父亲葬在那里，这一片土地也成了唐家世代的归葬之地，在外面打拼的唐家后代，包括有成就的官员和布衣，死后大多归葬祖坟，这一片祖坟成了当地最大的家族式墓地，被演绎得非常神秘。有人说就是唐家有了这块风水宝地，后世才那么辉煌显赫。当然，这只是当地的一种传说而已。

公元 2006 年 3 月初，当笔者到晋宁晋城晋江公路边五公里的长坡大场村村口寻找唐家墓地时，仅找到中了状元的唐锜的坟墓遗迹。墓前的土地里站立的一匹重达几吨的守墓石马和身着古代盔甲的石人，才昭示着以前这个家族曾经的辉煌。

唐瑶唐环兄弟就在晋宁定居下来，开始了唐家在晋宁的繁衍生息。

唐瑶唐环兄弟在晋宁上东街娶妻生子；唐家在云南就从唐瑶唐环开始代代相传，一个士大夫家族的神话也开始了它的演绎。因为唐瑶没有儿子，唐环这一支就延续下来。

由于祖上以武立业最终以武而遭到贬罚，武功就成了唐家躲避的洪水猛兽，武在唐家是行不通了，学武只能带来灾难，必须从根本上改变。从此，唐家的子孙后代开始弃武从文参加文科科举考试。不承想唐家弃武从文后，在科举上也颇有建树，世代有出仕做官的，还绵绵不断。唐家官做得最大最有名声的要数唐环的孙辈唐锜，他曾经于 1526 年一举考中进士，官至陕西巡按。是唐家仕途成就最高的人，至今还被后世子孙津津乐道。

就像一株漂泊的小树，在当时边远蛮荒之地的云南扎根并长成参天的大树。就这样，一个封建士大夫的家庭在偏远的晋宁小城渐渐形成，这也是晋宁州大大小小的戍垦将士的一个缩影。

值得一提的是，唐瑶到晋宁后，因病去世了，兄弟唐环受不了哥哥去世的打击也相继去世。唐家兄弟俩的情谊让人感叹不已，他们的兄弟手足之情一时传为佳话，广为流传。

七岁神童

光阴荏苒，一转眼唐泰已经七岁了。

从五岁开始，唐泰就跟随祖父唐尧官学习古诗文。每天早上，唐泰都要到祖父的书房背唐诗、学宋词，研习古文，几年来都不曾中断过。

祖父唐尧官惊喜地发现，唐泰对古诗文有较高的天分，小小的年纪领悟很快，能一气背下指定的唐诗、古

位于晋宁长坡顶大场村村口的唐家祖坟墓地遗址

文，有过目不忘的能力。最让祖父惊奇的是，七岁的唐泰已经能作诗了。这让祖父颇为自得，常呼孺子可教也。

小唐泰读书之余，常常背着母亲，缠着家人唐安跑出去玩耍，去赶晋宁的州街，去永乐宫，去映山塘边，去梅谷书院，还跑进盘龙寺去学和尚打坐，跑到金山寺去玩。小小年纪就喜欢观景、爬山、看水，乐而不返，从小就展现出爱山爱水爱出游的癖好。

由于父亲懋德正值要考乡试，一天忙着研习诗文，无暇照管唐泰。祖父当时受聘在晋宁梅谷书院讲学，就常常带着唐泰到梅谷书院，兼带孩子。

晋宁州梅谷书院是官办的学校，它坐落于盘龙山盘龙寺下的一个小山谷里，里面有各种树木，紧邻一片水塘映山塘，是一个山清水秀、较为幽静的好地方。后来晋宁州选中此地开办官办书院，便有了书声琅琅，有老师种了多株梅花，就取名为梅谷书院，成了当时晋宁州的最高官学。

祖父在上面讲学，唐泰就在下面和比他岁数大的学生一起听课。一天，祖父讲完乐府诗后，突然有人来报家里来了客人，是省上的一个朋友来访，他必须回家去接待一下。

祖父就当即给学生出了个题，叫每个学生模仿作一首乐府诗，一会儿回来查看，就匆匆忙忙地离开去接待朋友了。

学生们一见老师离开，当即像脱了疆的野马，蜂拥着跑出梅谷书院，到书院附近的映山塘边玩耍，玩“跳山羊”“躲猫猫”游戏，到山坡上摘果子吃，玩得不亦乐乎。多数人早把老师布置的作乐府诗的事抛到脑后。

等唐尧官送走朋友赶回梅谷书院时，学生们又提前跑进书堂正襟危坐，一个个却掩饰不了脸上因玩闹留下的汗渍和草痕、尘土，与脸上的喜悦之情。

唐尧官逐个检查学生的作业，学生们个个仓促应对，不是语句临时乱凑，就是作得一首都不像乐府诗，倒非常像打油诗。这么多学生没有一个能认真领会乐府诗体的要义，把唐尧官的肺都气炸了。

“你们太不像话啦，老师才走一会儿就跑出去贪玩，成何体统！”唐尧官大声斥责学生们。

最后他看到自己的孙子唐泰静静地坐在那里，一副胸有成竹的样子。

“唐泰，你的乐府诗作好了吗？”祖父问。

“老爹（晋宁方言对爷爷的称呼），我已经作好了。”唐泰从座位上站起来答，“我刚才在映山潭边玩耍时看到白云悠悠，天气晴朗就有所感，已作好了。”

“你们刚才去映山潭边玩去了？我才走一会儿大家就不好好做功课！好吧，你念出来我听听。”

白云谣——

天何高兮？

白云丽之。

崇隆者德，

万民戴之。

稚嫩的声音，却显得铿锵有力。

唐泰一念完，祖父唐尧官阴沉的脸上顿时缓和下来，想不到自己七岁的孙子，小小的年纪就出口不凡，作出此工整和有深度的乐府诗，赛过了比他岁数大的学生。此子今后的成就不可估量！

“孺子可教啊！”孙子的表现让祖父赞叹不已，他想着自己的孙子会“青出于蓝”。

唐泰的聪颖程度，到了八岁时更加彰显，古文作得颇具唐人之风，已能阅看叔祖唐锜和祖父唐尧官的诗集。

还缠着祖父给他讲大明一代文宗杨慎的和叔祖唐锜交往的故事。在听到祖父讲杨慎好几次从昆明高峣坐船来晋宁绍箕堂做客的往事，和唐锜绍箕堂上谈论文章，多次住在唐家。唐泰对杨慎人品和文学非常敬仰。天天都要去翻看杨慎的诗文，熟读能背诵下来，不懂的就跑来问祖父。

这天他看到了一首杨慎的《病中永诀李张唐三公》诗："魑魅御客八千里，羲皇上人四十年。怨悱不学离骚侣，正葩仍为风雅仙。知我罪我千秋笔，今吾故吾逍遥篇。中溪丰谷池南叟，此意非公谁与传。"不知何意，便跑去问祖父。祖父便向他讲述道，杨慎与云南各地的名士交好，有盛传一时的"杨门七子"，即杨士云、李元阳、张含、吴懋、唐锜、王廷表、胡廷禄。在七子中又和唐锜、李元阳、张含交情最深，在他临终时留了这首诗给三人，表达了自己的经历和思想唯有三人能够传扬下去。

"当年杨公常住在西山，和晋宁就隔着滇池，他抽空要来一趟晋宁，每次都是从西山坐船来，一次都要待上十多天，就住在唐家，或者到处走一走、看一看晋宁、安宁、呈贡的风景，或者在绍箕堂谈诗吟唱。他在的时候，就会有很多的人慕名来探访，高谈阔论，文人赋诗，歌伎舞唱，那是当地的文人的节日。杨公诗词吟唱，无一不通，无一不晓，简直就是一个天才。那些天啊，绍箕堂可热闹啦，人来人往，就像过年一样。"祖父时常这样对唐泰回忆着，仿佛这些事刚刚发生。

杨慎杨状元、叔高祖唐锜以及祖父唐尧官那一个时代的知名文人，从小就对唐泰的成长起到了熏陶的作用，潜移默化地左右了唐泰的思想。

杨慎也成为唐泰一生的偶像。在他今后的生活中，时时都有杨慎的影子。

他这一生注定都在追随着杨慎的足迹，却又走出了自己的独特人生之路，这是后话。

十三岁出游南京

小小诗童便可夸，
金陵曾到马姬家。
自从荷叶遮僧顶，
不插湘兰老伎花。
——担当友何蔚文诗

少年得志

唐泰十三岁的时候，由于天赋过人，又擅长诗赋，经过晋宁州县学的考试，他补上了博士弟子员，这是唐家世代引以为傲的事情。

博士弟子员相当于考中了秀才第一名，在当时具有很高的荣耀，在乡里特别有面子。在少年就有才名的，在老唐家除了当年的叔祖唐锜也得过博士弟子员外，就属他了。一家人为这事颇为高兴，都指望着小唐泰也能像当年的叔祖唐锜一样，为唐家光宗耀祖，为此，唐家还专门摆酒设宴庆祝了一番。

其实唐家从唐泰的高祖唐金开始到唐懋德这一辈时，可谓在科举考试中代代均有斩获。高祖唐金中了举人，当了邵武府的同知。叔高祖唐钟当了四州资州教谕。叔高祖唐锜，高中嘉靖时的进士，在外为官多年，当过湖广陕西巡按，在黄帝陵留下的手书“桥山龙驭”至今还挂着，唐锜的成就成为唐家仕途的骄傲。到了祖父唐尧官，中了乡试头名解元，虽没有做官，但学识颇深，执教晋宁梅谷书院多年。

父亲唐懋德也是多年寒窗求学，不辞学业劳苦，考了多次，在唐泰十一岁时中了举人。正当父亲唐懋德到南京应选之时，恰好得到了唐泰补上博士弟子员的消息，父亲非常高兴，就说要带着唐泰一同出门到外省转转，同游大明的国土，并带他到南京去看一看，让他长一长见识。

这是唐泰平生第一次出远门！

平日里，他只是从书里知道大明疆域非常辽阔。北边有万里长城抵御后金人的进攻，南边有江南有名的南京，有黄河、长江，天下闻名的名山五岳……这些将成为自己马上就要见到的现实，作为从小就想出去游历的唐泰来说，不亚于是天大的喜讯，高兴得他几天几夜都睡不着觉。

可是，作为一名晋宁州的博士弟子员，除了平时的习武可以跳跃高低，舒展放松自己之外，他的高兴只能拼命藏在心里，不能表现出来，更不能手舞足蹈地庆祝，如若被祖父五龙山人看到会责怪的。祖父常说一个优秀的秀才遇事要做到“不以物喜，不以己悲”，不骄不馁，喜怒不形于色。

唐泰能做的就是多准备一些诗赋，听父亲说要到南京和当今名人交往，自己可以学习一些诗赋的写法，还有绘画、书法等。

祖父还特意把自己最为得意的诗集《五龙山人集》交给父亲，要父亲带去请李维桢先生作序，是祖父非常期待的事。

游历南京

这一年的春日，在万物复苏的季节里，唐泰跟随父亲唐懋德踏上了北上应选之路。

在明代，由于交通极为不便，信息传递不畅，一般读书人外出各省游历是增长见识、寻师访友，印证自己书本上所学，拜谒同道的唯一途径，正所谓“行万里路，读万卷书”，两者缺一不可，方能学有所成。当时的读书人对外出游历非常重视，出行条件再怎么辛苦，也要到外省游历。已经中举的唐懋德北上应选虽是为了求得一官半职，同时也带有外出游学的成分。

唐家父子俩和家人唐安从晋宁安江村码头上船渡过滇池直达省城昆明，从昆明驿站换马，从曲靖府出云南入贵州过境镇远府进入湖广的常德府，一路上晓行夜宿。父子俩一路看风景而行，旅途虽苦但还不寂寞，父亲一路上还以平生所学指点唐泰。唐泰一路走一路看路过的新鲜事，沿途各府的风俗习惯和方言都深深地吸引了唐泰的眼球，同时学到了很多书本上学不到的知识。

唐泰沿途都要作诗、作赋，十三岁的他在云南已经很有名气，才思敏捷，特别是在诗歌上，从五言到七言，从古体诗到乐府甚至六言诗，他都能作。最为难得的是他的诗颇有唐风，在当时大明朝偏远的晋宁州，能出现这样一个少年才子，已是颇为不易。

就这样，唐泰父子一路上走走停停，看到名胜古迹、名山大川，父子俩就游览一番。经过一个月的长途跋涉，才来到大明朝最早的都城南京。

南京作为当时明代的留都，那是个非常豪华的大都市。唐泰一路看来，走进高大的城门楼，走进长安街城里的街道。非常宽阔能并列走四辆马车。街道都用石板铺成，非常洁净。街道两边的廊房全部是商铺，而廊下则为行人道，这样为的是在街上逛铺子，不会被雨淋被日晒。

街上行人众多，摩肩接踵。骑马的武士、坐车的女子、坐轿的官员，挑担的农夫，背筐的小贩，来来往往热闹非凡。不知比偏远的晋宁州县城大过多少倍，繁华多少倍！

真个是繁华之都、富贵之乡、温柔之地，唐泰看得眼花缭乱，应接不暇。看得几乎挪不动步子。

不是父亲催促，唐泰不知道要流连到什么时候。父亲先把唐泰安排在驿馆住下，自己到吏部把求职文投下，按照惯例，中举的唐懋德如不再继续考进士，他可以申请在政府中任职。唐懋德此次即来南京求官，由南京吏部审核安排，再请北京批定。

接下来的日子，只有在驿馆等待消息。父亲就带着唐泰到南京一些文人出入的社交场所交流，结交朋友，相互印证学问，听一些朝廷新闻。

湘兰簪花

在南京夫子庙淮河南的“玩月桥”旁，有名伎马湘兰的家。

这里可谓是当时最大的文人集会的场所，当朝的钱谦益、吴伟业、王登雅等有名的文人常在这集会。这里又是最随和的集会场所，天下的有功名的文士、商贾来南京都要来这里喝一次茶，吃一次饭，那是一种荣耀。

因为这里有一个好客的女主人——马湘兰。她的名气在南京乃至全国都是如雷贯耳，她的故事已被人演绎传颂。

自幼生长于南京的她，小时候不幸沦落风尘，入了“乐籍”（明朝把社会等级划分为很多类，乐籍制度始于北魏，主要是作为一种惩罚性专业制度而存在的，可看作奴隶制残存现象，指将罪犯、战俘等罪民及其妻女后代籍入从乐的专业户口，构成乐户，由官方乐部统一管制其名籍“乐籍”，迫使之世袭音乐，以此作为惩罚），自幼接受了琴棋书画的训练。她能诗善画，尤其擅长画兰竹。她还能自编自导戏剧，她所教的戏班，是唯一可以全本演唱《西厢记》的班子。为秦淮八艳柳如是、李香君、董小婉、陈圆圆、寇白门、顾眉、卞玉京之首。

唐泰早就听父亲说起过这位书画名人，当他跟随父亲来到马湘兰家时，对马湘兰的好奇之心更炽。

父亲把举人唐懋德的名帖投进去不久，就听得里面一阵脚步声，和声音响起：“云南唐举人来看我，稀客、稀客，我要迎接、迎接。”

唐泰就看见一群侍女簇拥着一个中年美妇走了出来，这一妇人乍一看相貌并不是很出色，纤眉细目，但往细里看，却是透着一股难以言表的高雅优美之气质，越看越耐看。年龄给人的感觉就在三十多岁，而其时马湘兰已有五十七岁了。

马湘兰和父亲见过礼，一眼便看到了旁边站着的唐泰。“这位小哥身长齿白，相貌俊朗，好一表人才啊，他是……”

“这是犬子唐泰，今年十三岁了，刚补上博士弟子员。泰儿，快给马大娘行礼。”父亲忙介绍说。

唐泰向马湘兰恭恭敬敬地行了礼。

“嘿、嘿、嘿”，马湘兰几声娇笑，一把拉了唐泰的手，左看右看。把唐泰都拉得不好意思了。

“不要客气，小小年纪就成了生员，不简单，不简单，走走走，到里面慢慢叙谈。”

来到堂屋落座之后，大家叙些云南的风土人情，再谈论些书画琴棋之事，马湘兰就又把注意力转向了唐泰。

当听到唐泰颇擅长诗赋时，马湘兰更加青睐唐泰，并叫唐泰把他的诗给她看，边看边评点几句，她评诗不像男子都以老师的语气，要你接受，而是语气温柔像和你商讨一样，还经常说，“这样行不行”这样的语句。

唐泰恭敬地在一旁聆听，并不时问一些诗词和画画方面的问题。和马湘兰相谈融洽，反而把父亲唐懋德冷落在一边。

“你这小哥儿，我怎越看你越像女孩儿。”马湘兰凝视了唐泰一会儿笑着说道：“我见的哥儿多了，一见你就觉得非常的可人，真招人家喜欢呀。”

“大娘见笑啦！”唐泰红着脸回答。

“要怎么办才好呢？”马湘兰看着唐泰在想。

“有啦，有啦！”马湘兰一拍手，好像突然想到了一个好点子，脸上带着微笑，又显得很神秘。“你们父子稍坐，我去去就来，给你们一个惊喜。”当即站起身和旁边的侍女低语着走了出去，不时还回头笑看一下唐泰，旷达的性格表露无遗。

唐泰父子只得在客堂观赏挂在堂屋墙上的字画。

字画均出自马湘兰之手，多为兰花和竹子，均笔法老道，画工精美，配以诗文，更是语多美句相得益彰，唐泰父子均赞不绝口。

正看着时，马湘兰又风风火火地走了进来，手里却多了一束各色鲜花。

“小哥儿，你过来，你过来，我帮你装扮装扮，为你在头上簪上鲜花，那便更有一方风致啦。”马湘兰还是那直来直去的性格，她还为自己想出的创意点子兴奋不已，跃跃欲试要为唐泰簪髻。

“谢谢大娘，我是男儿郎，不插女儿花，请大娘不要捉弄小子，把花收回吧。”此时才弄清楚是怎么回事的唐泰顿时红了脸，也不顾要尊敬马湘兰，连连地拒绝，坚决不让马湘兰为自己簪花。

“来嘛，来嘛，还害什么臊！就让我帮你簪一回吧。”马湘兰依然故我地要为唐泰簪花，并示意旁边的侍女过来要一起按住唐泰。

“不、不、不！我是绝对不戴女儿花的，请大娘收回吧。”唐泰连连严词拒绝，左躲右闪，最后甚至躲到父亲的身后。硬是不给马湘兰为他簪花，害羞使他脸红得都发紫了。

父亲对马湘兰的举动也不好说些什么，但看到儿子坚决不戴湘兰的花，便也在一旁劝导。

平时来马湘兰家的少年在她面前都言听计从，叫他们干什么就干什么，从不敢说一个不字，想不到唐泰如此坚决不从，自己戏闹的想法竟无法实现，想看把一个男娃扮女孩的创意落空，又不能太用强，毕竟唐家父子初来乍到，不能太过唐突。她显得有些失望，但是也没有什么办法，只能自己打着圆场说：“这孩子真是的，这孩子真是的，也不给大娘点面子。”最后作罢。

宾主闲坐相谈了一会儿，唐家父子便起身告辞，马湘兰很失望地起身送客。

这就是唐泰少年时随父到南京的一段经历，后来唐泰用诗记录了下来，题为《余年十三在金陵湘兰老马姬采花余簪髻戏之》：

云髻恼新霜，
不分娇花放。
佯羞采嫩枝，
插在儿头上。

就在接待唐家父子的这一年，终生未嫁的马湘兰，始终不能忘怀她和江南才子王稚登的一段恋情，这一年，正值王稚登过七十岁寿诞，那一天，她组织了上百名歌伎坐船前往苏州为王稚登祝寿，“宴饮累月，歌舞达旦”。在寿宴上，她为相恋三十余年的王郎高歌一曲。曲子优美，饱含深情。让王稚登听得老泪纵横。马湘兰返回金陵后，从此一病不起，不几日一代才女就伤感而逝。被葬在秦淮河白鹭洲公园碧峰寺下。

唐家父子后来听到此消息，叹息不已，唐泰在后来还专为江南四美女作画《四姬画》，第一个画的就是马湘兰。并为马湘兰题诗说“马姬江南秀，秀比江南兰。手腕香沁处，古人无豪端。结为百谷佩，至今犹珊珊。”这都是后话了。

过了一些日子，吏部的回文下来了，父亲唐懋德被安排做了南郡承（南郡承：属于陕西南郡这个地方县一级的官员）。父子俩听到这个消息后非常高兴，立即打点行装返回云南报信。

父亲准备到南郡去赴任，并将唐泰送回晋宁州继续读书。

“滇中第一人”

今大来虽未发解，而诗翰为滇南一人，真不忝厥祖也。

——《徐霞客游记》

祖父的嘱托

唐泰在三十三岁以前，他的生活可以说是平稳的、一帆风顺的，还可以说是比较舒适的。

在唐泰十四岁至三十二岁间，他经历万历年间的大部分时期，并经历了万历向天历年的转变。纵观这十八年的岁月，在明一代是普普通通的十八年，大明帝国基本没有大的动乱、兵事。云南境内仅 1607 年发生了武定土酋凤阿克的暴乱，以反对明朝官员的横征暴敛为名，攻州夺县，直逼昆明，但 1608 年被平定。这对处于滇中腹地的晋宁州，却没有任何的影响，大家依然过着平静和祥和的日子。

唐泰作为唐氏一颗冉冉升起的明星。大家都这样认为，唐泰也这么认为。他严格按照封建大家庭的生活起居，按照一个博士弟子员的标准，非常典范地生活。他没有选择的余地，摆在他面前的人生轨迹只有一条，一直读书、考试，求得功名。这是唐家祖祖辈辈走过的道路，作为晋宁州世代为官的唐家第七世长孙，他别无选择。

其实，到了唐泰这一代，唐家已开始渐渐中落。唐泰系独子，有一个妹妹，而二叔唐洪德和四叔唐进德均无子。三叔唐新德有唐华、唐岱两个儿子。唐家另一支唐泰的叔祖唐锜以后子孙平平。唐泰的祖父唐金虽高中解元，却在科举上再也没有进步，父亲中举以后就出来任职。在

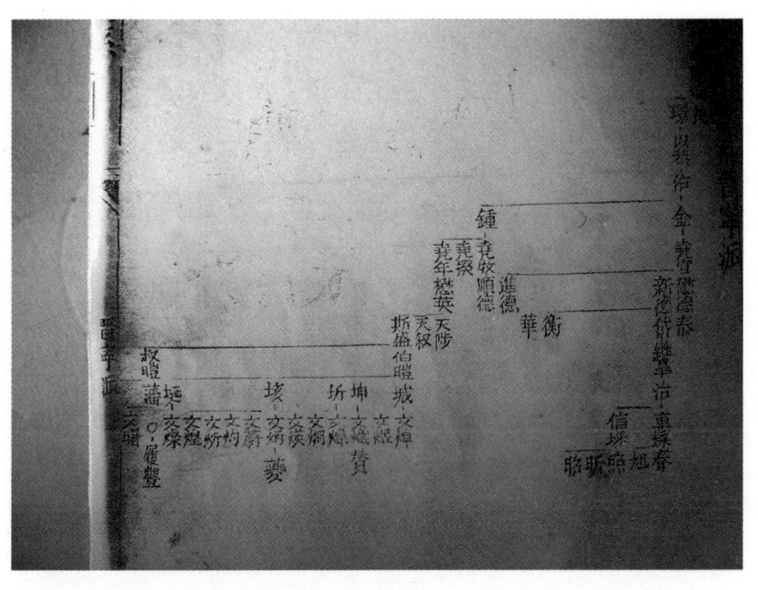

唐氏族谱

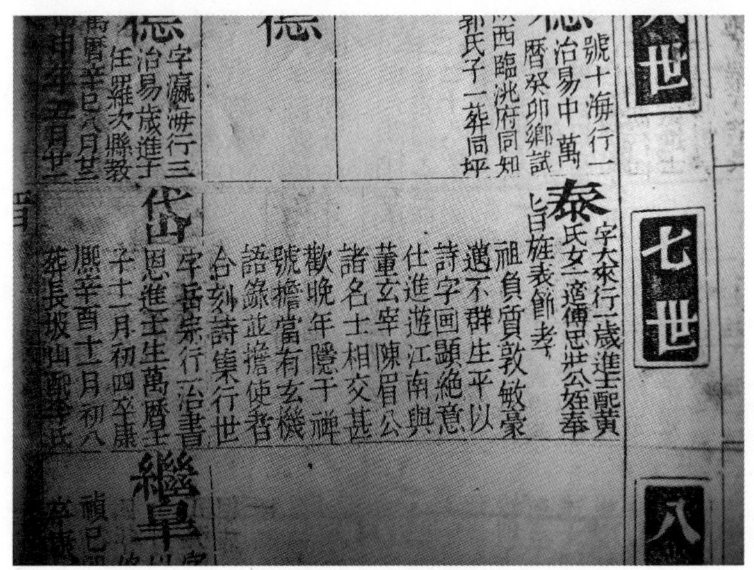

唐氏族谱对担当的记载

唐泰这一代，仅有唐泰取得了秀才的功名，因为他是长房孙子，必然要担当光宗耀祖的重任。所以大家都把目光集中在唐泰的身上。家人希望他能一路高中，最后能金榜题名，重振唐家在唐锜时代的威风，甚至他们这一支能取得更大的成绩，光耀门庭。

可以说，唐家把全部的希望都寄托在少年英才唐泰的身上。

唐泰也按照既定的目标推进，他经常起早摸黑，熟读诗书，精研八股，练习书法，学习绘画，多年不改此习惯，他因此成了晋宁州秀才的典范。

唐泰还有一项当时的一般的读书人没有的技能——剑术。从唐家祖上唐胜宗后，唐家世代都是以文从仕，以文起家，再没有像老祖宗一样骑在马上手持大刀长矛去杀出一番业绩来的人。家中书房里悬有的长剑只是一种装饰和摆设。而唐泰则不然，他爱好击剑，在读书之余，他都常常练习击剑，练习剑术，以致到了他十七岁时，去陕西临洮看望已当到临洮同知的父亲,走在滇川陕的古道上时，他已能佩剑防身了。

从后来唐泰的诗中，对宝剑和侠客有着由衷向往，他甚至想着自己成为一个仗剑走天涯的剑客，随时准备路见不平，拔刀相助。

唐泰十八岁这一年，祖父五龙山人唐尧官去世了。这让唐泰非常的伤心。父亲常年在外为官，自小他都是跟随着祖父，他的思想，他的诗风，他的为人处事都和祖父一脉相通。

祖父就是少年唐泰最崇拜的偶像，有时候他觉得祖父的诗词就是最好的，祖父的一举一动都为他做出榜样。

祖父曾在省上的乡试考中第一名，当时也是闻名乡里。只是可惜，接下来的应试却是应考多年都名落孙山，最后祖父一气之下 ，从此放弃了科举考试，吟山弄水，写出了数卷《五龙山人集》聊以自慰。又执教于晋宁梅谷书院多年，培养了大量的生员。平心而论，祖父的学识、人品来说，早就具备了进士以上的水平。然而，上天就是捉弄人，就是不让人如愿以偿。但是祖父虽然不说，唐泰也知道，作为读书人，没有考中举人，没有在科举上走得更远，是祖父心中最大的痛！

祖父在临终之前，挣扎着把唐泰叫到床前，当时祖父已不能说话，都是用手比画着代替言语了。祖父目光定定地看着他，艰难地用手指了指自己，又指了指唐泰，再指一指门上的匾“书香人家”，点了点头，就撒手西去了。

唐泰知道，这是祖父要他完成自己的遗愿，一定要走马京城，高中状元，他才能在九泉之下瞑目。

祖父抱着遗憾去世了，留下的遗嘱却极大地震撼了唐泰，他没有想到一直视功名为粪土潇洒不羁的祖父居然这么看中功名，对自己的期望这么大。

在祖父的床前，唐泰抱头痛哭，泣不成声，哀悼祖父的去世。同时，他平生第一次感到自己肩上被压了很重的担子。唯有认真对待才能不辜负祖父的嘱托。

唐泰大婚

滇中星回节有引

（六月二十五夜，滇人以松肪为炬，树于门前，光焰烛天，笙歌如沸，游戏着近晓不休。乃六诏故事也。）

近郭山光红未了，
何防此夜烛来稀。
不逢七月先流火，
忽到三更见落晖。
宝马急驰如电扫，
城狐避影似灰飞。
刺桐花下痴儿女，
游到天明归不归？

这是唐泰描绘晋宁州一带的星回节（现称之为火把节）的诗句。

可以看得出，这一时期的唐泰在享受着平静的生活、歌咏着生活，对生活充满了热爱。

唐泰年满二十二岁时，娶了晋宁州黄麟趾的女儿为妻。其实他的岳父也是他的外舅，岳父官任四川云阳知县，在晋宁州也颇有才名，著有诗集《风叶吟》。

他的这一段婚姻是幸福而美满的，他的两个小舅子黄沂水、黄禹甸都是和他从小玩到大的玩伴，黄小姐在童年时也常在一起玩耍，都有深刻的印象，有其父亲的熏陶，也懂些诗文。

这一联姻，可谓是门当户对，亲上加亲。

绍箕堂自从唐泰的爷爷去世后，已经有四年没有这么热闹过了。

大婚的那天，唐府上下张灯结彩，锣鼓喧天，爆竹声声，一派喜庆祥和的气氛。

唐府广邀晋宁州甚至是昆明的宾朋来庆贺唐泰的婚礼，车马从绍箕堂前一直排到了如意宫前，整整占了大半条街，来祝贺的亲朋好友络绎不绝，比平时赶晋宁街子天还热闹些。

一拜天地，
二拜高堂，
夫妻对拜，
同入洞房。

随着司仪的高声唱喏，唐泰开始了有家有室的幸福生活。

唐泰发现黄家小姐知书识礼，自嫁入唐家以来，孝敬公公婆婆，操持家务，勤劳能干。又理解丈夫的事业，又是丈夫的崇拜者。夫妇俩夫唱妇随，在别人眼里显得尤其恩爱。

翌年，他的大女儿出生了，大女儿出生的这一年，他的妹妹嫁给了昆明解元朱思明之子朱运为妻。

一关在东一关西，
不见金马见碧鸡。
相思对面三十里，
碧鸡啼时金马嘶。
——《金碧瑶》

这是唐泰到省城昆明游学数日后，写的一首夫妇相思的诗。这首诗是唐泰为数不多写青年夫妇相思之情的诗。以昆明当时的代表性建筑金马碧鸡起兴入诗，夫妇小别，却胜数年，相思之苦，跃然纸上，颇让人动情。这首诗是唯一一首记录他婚姻生活的诗句，我们看得出来，唐泰的婚姻生活是幸福美满的。

然而，任何事都是没有圆满的。令唐泰夫妇渐渐感受到遗憾的是，没有生得一个儿子，这是美中不足的。

结婚的第三年，唐泰夫妇又生了一个女儿，和他女儿同岁的是嫁到昆明的妹妹为他添的一个外甥，名叫朱昂。朱昂从小乖巧懂事，颇有舅舅之风，深得唐泰喜欢。每次到省城妹夫家，他都带着外甥朱昂，还教朱昂一些诗文，朱昂也比较喜爱跟着唐泰，甚至比跟他父亲朱运还亲。

及至后来朱昂跟随唐泰还有一段同入鸡足山为僧的缘法，这是后话，暂且不表。

随着第三个女儿的出生，唐泰渐渐发现，自己可能只有生女儿的命了，全是女儿，没有一个儿子，这是他们家庭生活中最大的心病。

在大明朝帝国中，重男轻女是那个时代的特点，接继香火，壮大家门的责任都要落给男子。在一个家族中，没有生得一男是颇受轻视的，好像你就没有传人了，和有儿子的同门比，女儿不能延续香火，不能继承祖业，好像矮了一大截，甚至抬不起头来。别人不说，那种压力是无形的，无以言表的，但又是时时令人压抑和痛苦。

“我一直不能为唐家生一个男丁，实在有愧，干脆你再娶一房，好为你家延续香火。”一天，黄氏悄悄地在枕边向唐泰提出来。

“你说的哪里话，我娶到你此生已足矣，为何还再娶一房？以后这种话提都不要再提。”唐泰正色对妻子说道。

黄氏预言又止，她看到唐泰如此坚决，只得作罢。

其实，唐泰是非常乐观的，看着女儿们逐渐长大，非常懂事可爱，妻子也对自己体贴入微，还有什么奢求呢？儿子嘛，自己年纪还轻，心诚必定感动佛祖，到时说不定就会送一个大胖小子给自己。

想到这些，他也就安下心来，任随别人怎么说，他都无动于衷，再不谈纳妾之事。

受荐选贡

我们在离唐泰生活的年代近四百年后，回过头去审视他这一时期的生活，发现诗歌是美好的，而生活是琐碎的。

晋宁州城上东街筲箕堂。

刚刚看完书的唐泰从书房中走出来，只见六岁的大女儿拉着四岁的二女儿在玩耍，妻子黄氏怀抱着三女儿，正在喂奶。一见唐泰从书房里出来，便忙说："快去帮着唐安做一做饭吧，娃娃们都饿了。"

唐泰没有回话，便径直去厨房帮忙，他们烧饭用从街上买来的松针编好的麻花状的叫"松毛绕"做燃料，一点火，一个厨房里就有特殊松香的香味飘出，但也伴随着冒出白色的烟雾，呛得他咳嗽不止，泪流满面。

"唐泰唐老爷在家吗？"门外有人高声问询。

唐泰忙从厨房里走了出来，原来是本州县学的教谕派人来找。唐泰便匆匆忙忙和来人去了。

黄氏在家左等右等也不见唐泰回来。到日上三竿才有人来报信，说唐泰已受推荐当了晋宁的选贡了。此时正在晋宁州和一干人等喝酒庆贺，不回来吃饭了。

黄氏的父亲也是秀才出身，他知道选贡就是直接从秀才里推荐出来的比较优秀的人才，到应考之年，可以和其他贡生一起到京城参加礼部考试。被选中这是具有无上光荣的事。黄氏为丈夫唐泰高兴不已。

一直到天黑，唐泰才返回家来，他喝得已有七八分醉，走路都走不稳，嘴里还说着“我没有喝多，我没有醉”。是两个学吏搀扶着才勉强能行。进门差一点跌在大门石阶上。身为晋宁州第一才子的他是从来没有像这样醉过，没有这样放浪形骸、不顾体统过。

因为唐泰太高兴了，他从来没有这样高兴过，也没有这样放纵过。

这些年来，唐泰虽表面风光，吟风弄月，经常往来于省城、安宁、抚仙湖等地，交友甚广，作为晋宁第一才子，他的诗已写了上千首。他都一一收录在自己的诗集《犄园集》里。对于仰慕自己的人，只要来晋宁州找他题诗作画，他都尽量满足这些人的要求。渐渐的，他被誉为“滇中第一人”。

唐泰抽空还翻看高祖唐金、祖父五龙山人和父亲留下的诗集，从中学习诗歌的精要，学习先人的复古之风。后来他干脆把高祖唐金的诗《池屿诗集》和祖父尧官的诗集《五龙山人集》以及父亲的诗集《十渔诗集》合编成了《绍箕堂集》，甚至还刊印了几百册。

唐家的文名，经过唐泰的手，已发挥到极致，成了文学世家。在那个诗人遍地的明朝后期，远在边疆地区的云南，唐家以文学艺术的成就而称誉滇中。

然而，面对这些骄人的成就，唐泰却一点都不满足。

他时时都告诫自己，男儿立身处世的最高理想就是要上京赶考，求得功名，才能光宗耀祖。祖父五龙山人临终时的嘱托在时时鞭策着他，唐家一家人一族人的目光都在注视着他，这些年来让他食不甘味，睡不安枕。

所以，当得知自己成为选贡的消息时，他高兴得差一点晕了过去，这些年的辛苦终于有了回报。这就意味着，他已经拿到了上京赶考的通行证。有了这一通行证，他就可以一展自己的平生抱负，一展自己的平生所学，一展“滇中第一人”的身手……

离目标越来越近，难说明天就要金榜题名啦！“春风得意马蹄疾，一日看尽长安花。”想到这些，唐泰怎能不高兴，怎能不饮酒，怎能不放纵自己呢！

苦涩的北京应试

莫怪浮云掩碧空，
状元袍神出深宫。
嫦娥不嫁乌衣子，
要嫁人中一点红。

——担当《三月十四夜
无月赠应试者》

上京赶考

大明天启五年乙丑，也就是公元1625年，这一年唐泰三十三岁，正值三年一轮的朝廷大比之年，也正合唐泰上京赶考之时。

他踏上了赴京赶考之路。

这条路是熟悉的，那是多少年来云南学子客商常走的出入滇省的古驿路，自己曾跟随父亲沿着这条路到过南京，自己也曾随这条路到陕西看望过父亲。如今，这条路唯一不同的是它此次将延伸到大明帝国的京城，他将沿着这条路去完成爷爷的重托，去实现自己的夙愿，去实现唐家的再次辉煌。同时，也是自己一个人出那么远的门。

这一天，是一个出门的吉利日子。刚刚过完春节，唐泰要上路了，他要赶在二月中旬去京城参加春闱。唐泰和前来送行的朋友辞行之后，母亲、妻子和女儿们一直把他送到离家六里的安江村头的滇池古渡口上。这一次出门和以往不同，妻子和女儿们更是左叮右嘱在码头上又说了半天。

母亲郭氏嘱咐他说："泰儿，此去上京考试路途遥远，我儿要自己保重，大考一切顺其自然，赶考完就赶快回来，不要在外逗留，免得让娘挂念。"

"是，母亲的话儿记住了。"唐泰都一一应承下来。这在他的诗《曹娥江》中有详细记载"……忆昔我在昆明池，我母送我水之湄，与我携手订归期……”

当晚，唐泰到达省城昆明，住在妹夫家。第二天即步行北上，绝早出门赶路，夜里逢驿馆投宿。

天性喜游的唐泰对于这一次的赶考，他是早就向往的。时隔那么多年，他又可以趁此机会，顺便游览各地的名山佳水，结交国内的朋友了，这也是他梦寐以求的。

离开昆明的第二天，唐泰投宿在曲靖府的三岔驿（今曲靖市沾益区境内），这里是出滇和入滇的交通要道，这里专门设立了一个驿站，专门接待南来北往的客人。驿站还颇有些规模，比起其他驿站要大了许多，整洁许多。

安顿下来，吃过饭，唐泰就到驿馆四处转一转，在驿馆后院的屋里，他发现驿馆主人还把来往驿站的客人的诗文抄录装裱挂在墙上。大多是一些官海商途的见闻感受，多数都是言词粗劣，有几首倒也情真意切，还算过得去，也逐一看去。

突然，唐泰惊呼了一声，他竟发现了自己最为崇拜的一代文宗杨升庵的诗。他想不到这里能看到杨升庵亲手写在墙上的诗，这首是唐泰以前从未见到过、读到过的，在这样一个驿馆能看到，所以让他惊讶万分。

诗的名字就叫《三岔驿》：“三岔驿，十字路，北去南来几朝暮。朝见扬扬拥盖来，暮看寂寂回车去。今古销沉名利中，虚亭流水长亭树。”短短的几句长短句，揭示了早上得竟扬扬乘车而来，晚上却寂寂无声失意而归，人生之短暂，反而不知路边之树无名利荣辱而得长久。

在这里看到这思想的诗句，令即将出省赴考的唐泰，在他满腔求取功名的激情上，不亚于浇了一盆冷水，让他增添了一些惆怅。他没有想过自己此行的结果，甚至于不敢去想。这种想法一跳出来，他都用看书来使自己不再想很多考试的结果。

一晚上都不能静下心来温习书文。

很晚了，他在驿馆里辗转反侧，都没有睡着。

次日，唐泰早早地起床，出了这家驿站，便出云南，走贵州，出湖南，继续踏上了北上之路。

呈贡人苍雪大师

苏州附近的中峰。

这里有远近闻名的中峰禅院。说起它的有名，是因为这里有一位著名的诗僧，寺里的住持苍雪大师。

出生于云南省昆明市呈贡区古城的苍雪，本姓赵，名读彻，字见晓，后改苍雪，别号南来。从小就随父亲在昆明妙湛寺出家，十一岁的时候，他去了宾川鸡足山寂光寺，成为水月大师的侍者，管书记。生性聪颖的他一直在鸡足山度过八年的时间。十九岁时，他离开鸡足山远游。他脚穿草鞋，与扈芷一同远行，从滇到蜀，行程数千里路到达金陵一带。先后参拜了云栖、古心、雪浪、松巢，最后成为一雨禅师的得意弟子，一雨禅师去世后，他接受了衣钵。中年以后，他在苏州中峰开坛讲经，每次开坛讲经时，前来听讲的民众非常多，成为当时苏州的一大盛事。到了后来，他成为与松巢、一雨、汰如并列的一代名僧。

苍雪大师在深研佛法之余，还擅于作诗和绘画，与吴中文人吴梅村、钱谦益、董其昌、陈继儒等交好唱和，被后来的王士桢的《渔洋诗话》誉为“诗僧第一”。

正因为这位自滇南孤邻万里，到吴中参禅后声名远播的老乡，唐泰由此而暂停了北上之路。到了苏州之后，便住中峰拜望苍雪大师。

唐泰到达的这一日，正值中峰禅院讲经，中峰禅院热闹异常，听经的善男信女来来往往，不亚于一次盛大的庙会。

唐泰跟随着前来听经的群众一起进到大雄宝殿的讲经坛。只见大雄宝殿前已围坐了数百名信徒，人虽众多但却鸦雀无声。上首设一讲坛，用黄色布幡覆盖，有一香炉里青香缭绕，场面颇为庄严。

正中坐着一个中年僧人，面庞长得有些清瘦，精神却非常饱满，目光凝神，在台上讲着《楞严》真经，声音琅琅。

经向禅院僧人打听，讲经的正是苍雪大师。唐泰便和善男信女一起聆听大师讲经。

平时他所看的书都是四书五经之类，对于佛经唐泰都是浅尝辄止，今日听苍雪讲经，深入浅出，颇有见地，唐泰听着听着，仿佛进入另一个世界，陌生而充满新奇。他第一次感到，除了科举应试的八股文之外，还有令人陶醉的佛经，这些平时生硬难懂的佛经经过大师的讲解，显得那么合理，那么耐听。唐泰在不经意中，首次受到了佛经的启蒙，从此与佛结下不解之缘。

苍雪的讲经持续了大约两个时辰，听完还不肯走的一些信众围着苍雪问这问那地请教佛教的问题。

唐泰忙请禅院僧人向苍雪通报，说云南老乡北上应考前来拜望。只见苍雪听完僧人的耳语通报后，他立即和信众匆匆辞别，然后急忙向唐泰这边走了过来。

“可是苍雪的老乡，唐泰唐先生？”苍雪问。

“正是在下，只因北上应考，路过此地，闻大师在此驻锡，特来拜望，叙同乡之情，实在有些唐突，还望大师见谅。”唐泰忙着上前行礼道。

苍雪上前就拉住了唐泰的手，声音微微有些颤抖：“难得，真是难得呀，这些年来，终于见到了一个老乡来，听到了昆明的乡音了，我真是感受良多，走走走，到后面去叙话吧。”

唐泰想不到这个比自己大六岁的大师虽声望极高，贵为一寺住持，但对素昧平生的自己却是如此的热情有加，便跟随大师到后堂叙话。

在后堂，苍雪还未上茶便急急询问云南的情况，这些年是旱是涝，变化如何，一路上好走不好走，等等。问得非常详细。

唐泰都一一道来，苍雪都仔细聆听。或长叹或惊奇，不时还要插嘴问询，高兴时在屋里来回走动喜形于色。和讲台上的大师简直判若两人。

对唐泰的所学，苍雪也问了几句。得知唐泰要赶着到北京应试礼部春闱，苍雪说：“多年未回家乡了，一见你就只顾着问故乡之事，却忘了你还要赶路，早点休息吧。”

大师便起身为唐泰安排住宿，唐泰当晚就住在了中峰禅院。第二天苍雪说，到京城考试的时间还多，不妨在苏州停留几日再走吧，也好让他尽地主之谊。唐泰一想也好，就在苏州歇息一下。苍雪就带着他到苏州的名胜看了看。在交往中，苍雪发现这个老乡非常不错，才华横溢，作诗随口就来。而唐泰觉得大师更是颇有才情。两人交往颇为默契，均有惺惺相惜的感觉。只可惜唐泰要急着上京。大师只能留恋地对唐泰说：“应试已毕可再返回我这里，那时可盘桓详谈。”唐泰都一一答应。

这天一大早，是唐泰离开苏州的日子。他刚起床，正在洗漱，苍雪已经来到，准备送唐泰北上，感动得唐泰不知如何是好。

苍雪一直把唐泰送出禅院，又送了很长一段路程，才转身离去。临走，拿了一张诗笺给唐泰，唐泰展开苍雪大师写给自己的题为《送唐大来明经应试》诗：

如君才思自风流，
山色江南已尽游。
痛饮几回当白日，
好诗多半在红楼。

为禁桃叶频催过，
暂借芦花一系舟。
走马长安春雪遍，
到时应换黑貂裘。

唐泰看着这些诗句，看着苍雪回转的身影，心中感慨万千。良久，良久，才上了路。

名落孙山

渡过长江后，唐泰一路向北，经过山东境内路过曲阜，他去孔庙参拜。经过泰安时，他还抽空登了泰山。这些都记录在他的诗中。他的旅途的诗让我们得以看到他的路途轨迹，这也记录了他唯一的京城之行。

他紧赶慢赶，终于二月初到了北京城。离应试的时间只有四天。他也顾不上观赏京城风光，便急急匆匆到礼部报了到，找了一家旅馆住下，才来得及定下心来重新梳理即将应试的四书五经。

二月初九日，一大早，唐泰便早早地出门，赶到贡院应试。刚到贡院门口，已经黑压压汇集了六千多来自全国各省的举人、贡生、国子监生，正排队等待搜身检查进入贡院。

时令正值早春，北京的凌晨因温度太低更加显得春寒料峭，天下考生们纵然穿得厚厚的，也难以抵挡住刺骨的寒气，呼出的气一下变成了股股白气，考生们奋力挤向贡院的大门。

好不容易等搜完身，唐泰急匆匆进到自己的考棚中，考棚里有一盆火，一支蜡烛，此时已被冻得有些发僵的唐泰才有些缓过劲来。等试题发了下来，远处明远楼的钟声敲响的时候，唐泰看着手中的命题，他又觉得有点冷，自己只有咬紧牙关，虽有些紧张和激动，但他还是不断地使自己冷静下来，开始冥思苦想起八股文来。

三场考试九天的时间都在考棚里度过。

唐泰出贡院时，他的身心极度疲惫，迈腿都显得非常吃力，只感觉眼前一阵阵的发黑。但他却有一点兴奋，因为他觉得自己考得还不错，前三百名内还是没有问题的，应该还有参加殿试的机会吧。这样想着，他也不觉得很累了。匆匆回了旅馆，倒头便睡，补一补这九日天天在考棚度日而产生的睡眠的亏空。

第二天，唐泰才有闲情雅致逛一逛大明帝国中心城市，感受一下明朝都城的繁华，他从早上出旅馆一直逛到晚上走不动路了，才租辆马车把他拉回旅馆。

他看了京城的木制古佛，游览了北京附近的香山，这些他都留下诗文为念。唐泰在悠闲舒适的心态里度过了等待出榜的日子。

皇榜高悬。

下面人头攒动，各人都伸长了脖子观看。看到有名者欢欣鼓舞，高兴异常，做出些失态的举动，有的当场笑倒，有的呼朋唤友要到酒楼喝酒祝贺；看到自己无名者，痛苦异常，甚至放声痛哭，有的呆呆站立喃喃自语。

整个贡院落门外，上演着悲喜两重天！

那一刻，唐泰屏住呼吸，镇定了一下情绪，努力使自己心跳得不要太快，这样他才能把长长的皇榜看完。

他从皇榜的最末端看起，自己的名字如靠后，反正都有了，这样自己不会太激动。他顺着皇榜在拥挤的人群中努力保持住自身的平衡，在上上下下寻找“唐泰”这两个字，他一直找到了前十名。没有自己的名字！他心里顿时“咯噔”了一下。是不是自己看得太快了，看漏了自己的名字。他忙定了定神，开始从皇榜的前十名开始看起，没有！继续往下看，还是没有，再往下看，也没有！三百名参加殿试的名单里竟然都没有自己的名字！

他简直不敢相信自己的眼睛，又以最快的速度浏览了一遍皇榜，还是没有他的名字。唐泰眼前一黑，有些天旋地转，他忙扶住了墙，不使自己突然晕倒在地。

好一会儿，他才能够思想，才能够有判断，才知道自己的位置。

自己没有考上！没有进入殿试的名单，就意味着自己已没有了去争取状元、进士、探花的资格了，自己的上京赶考的道路提前被无情地斩断！自己已被提前宣布了考试的“死刑”。要想来考，只有等三年后了。

正犹如晴天霹雳，这个打击对他来说是太大了！

千辛万苦从云南来到京城，肩负了朋友、亲人的嘱托；寒窗十载，悬梁刺股，自己的多少青春岁月被耗尽……这些，这些都成了一场空！

这样的打击对于任何人都受不了！

云南亲朋师友都在说，高中者非唐泰莫属了！大家对他抱了多么大的希望。自己也满怀信心想着一举高中，衣锦还乡。考试下来，自己也觉得应考自如，考卷答得很好，可到头来，连殿试的三百人名单都进不去！这种打击真的如晴天霹雳，把他彻底打倒了。爷爷五龙山人临终前的心愿，是最令唐泰痛心的，也是最为承受不了的了。爷爷最喜爱，最信任，寄以希望最大的泰儿，就这样，在陌生的京城大道上像一片飘落的叶子，像一只斗败的公鸡，像一团粪便，一无是处，一无用处。

他都不敢回头南望云南的家乡，他仿佛听到爷爷在墓中的沉重的叹息之声。

谁来拯救一下落榜的云南才子唐泰呢？一个失魂落魄的人，徘徊在北京城里，步伐踉跄！虽然这一幕每次在大考之年都会重复上演，当地人也都司空见惯，但名落孙山的真实感受，却是唐泰刻骨铭心的第一次！

那一刻，他死的想法都有啦！

漫游天下七年

天下游来一布袍，
不乘金马气犹豪。
——担当《言志诗》

拜师董其昌

1625年，唐泰上京应试落第。从落第的痛苦中慢慢地解脱出来后，他在京城没有做长时间的停留，便开始南返，准备早日回家，下次再来考过。

然而，当他南返到吴楚越之地时，他的足迹便长时间地停留在这里，没有继续南返回家，一停便是整整七年的时间。

是什么让他停下匆匆南归的脚步呢？是什么原因让唐泰滞留江南那么长的时间呢？

当我们把目光扫视长江下游的这块大地上时，可以看得出，这里在大明天启年间，已经发展成为全国最为繁华、最为富裕之地。这里有繁华的留都南京，有令人向往的“人间天堂”苏州，还有经济较为发达的上海松江等地。这些地方经济发展的同时，文化也颇为发达，文人骚客云集于此，董其昌、陈眉公、李本宁等等大家，文化气氛非常浓厚，他们的一言一笑，足以在大明朝文坛引起不小的震动。

唐泰从上京应试不第的失意中慢慢缓了过来。虽然他对应试已充满了绝望和灰心，但按照惯例，三年之后他仍可以上京应试，这又让他燃起了希望的火苗。所以当他回到苏州中峰再见苍雪大师的时候，又恢复了他熠熠神采。

大师对唐泰的应试失败给予充分的安慰，不断地劝他振作精神从头再来。并收留了无处可去的唐泰，让他在苏州住了一段时间，并带着唐泰到处游览，两人还在一起切磋诗文，并把唐泰引见给自己的朋友。大师对唐泰的字画给予鼓励,但还是认真地批评了唐泰的字画的种种弊病，并把自己的一些诗书画的心得传授给唐泰。唐泰最记得大师的一首诗歌《金陵怀古》之四：

石头城下水淙淙，
水绕江关合抱龙。
六代萧条黄叶寺，
五更风雨白门钟。
凤凰已去台边树，
燕子仍飞矶上峰。
抔土当年谁敢盗，
一朝伐尽孝陵松。

在苍雪处逗留，这一段时间是唐泰比较愉快的时光。他向大师学到了很多的东西。

这一天，苍雪谦虚地告诉唐泰，自己的这点微薄的书画水平，不足以当唐泰的老师，他欲为唐泰找了一个学书画的老师。正好，当朝书画名家董其昌正好从南京礼部尚书的位置上下来，回到上海松江老家静养。苍雪可以推荐唐泰去学习，不知唐泰愿不愿意？

唐泰在学习书画时，早就听说一代书画名家董其昌的大名。董的画和字在市面上千金难求，可谓冠绝一时，其画集宋元诸家之长，行以己意，笔意安闲温和、清新秀丽。他尤其擅长山水。能到其门下学书法、绘画，肯定是求之不得的事情，唐泰当即表达了自己愿去学习的想法。

在苏州中峰住了几天后，唐泰便拿着苍雪的亲笔书信前往上海松江拜师。

到了松江，要找大名鼎鼎的董其昌府第并不是很难的事，到了董其昌豪华的尚书府第，唐泰投进了名帖，上书“滇中门生唐大来拜”。门子随即送了进去，不一会儿，便有门子出来引唐泰进入客堂坐下。

稍等了一会儿，董其昌便在丫鬟的前后簇拥下进来坐下。“可是贡生唐泰？”董其昌问道。

“门生拜见老师。”唐泰上前双膝下跪，行大礼。

“初次见面，你行此大礼，这是何意？”董其昌颇感诧异。

唐泰忙送上苍雪书信，并陈述了自己从滇省远来，想要拜师学绘画书法的诚意。

董其昌生性傲慢，仗才眼高，平时要拜他为师的人挤破了门槛。今天破例接见一下这位从偏僻滇省远来的考试不第的小辈，也是看在苍雪早已来信说过，要他务必见一见此人，是一棵好苗子。一见面，只见唐泰身材修长，气宇轩昂，谈吐得体，就有一点欣赏。再一看，苍雪大师的荐书中对其称赞不已，再三提到自己和这位同乡颇有交情，更有书画根底，望自己能指点一二。

“很好，很好，来人，笔墨侍候。”董其昌当即对唐泰说：“你画一幅画我看一下吧。”

“是，望老师休要见笑。”唐泰当即绘了一幅《盘龙山水图》，并提笔写了一首小诗。前后花了不到半个时辰的时间。

董其昌在一旁看着一手捋着胡须，微微点头。感觉这年轻人下笔流畅，绘画基础不错，不像那些只会一味想借拜师提高自己身价、华而不实的家伙。何况有苍雪的荐书，这肯定不能驳了这位好友的面子。但也要这后生不能太自傲，于是说道：“笔墨伺候。”董其昌大笔一挥写了一幅字。唐泰看后顿时佩服得五体投地，当即赋诗一首《董玄宰先生以手迹见贻赋谢》其中有一句“我在门墙廿余载，未能具休空彷徨。”

“苍雪曾来信，说起你，叫我收你为徒，我想不会那么差吧，今天一见还有点基础。好吧，你且留下，我写书作画时你在旁研墨吧。”董其昌说道。他对收到资质不错的一个徒弟感到高兴。

“多谢老师、多谢老师！”一听董其昌已留自己在他身边后，唐泰忙不迭地行礼，心中万分欣喜，因为自己拜了一个当时大明的文坛领袖人物为师。

于是他留在了松山跟随董其昌学习书法和绘画。

这是他的人生一个非常有意义的时期，这让他的绘画能登堂入室，起到了决定性的作用。

董其昌作画长于用墨，意趣简淡，层次分明，用笔多皴、擦、点、染互施，丰富多变。设色则有绿、浅、绛兼用，或鲜丽而不妖妍，或简淡而又沉稳。他教学生既要师古人，也要师造化，并对唐泰提出了“读万卷书，行万里路”的观点。他说亲历了才能胸中有物，有创作的素材。这些唐泰都心领神会。特别是董其昌所提出的“南宗”思想，即文人山水画的思想，深深地影响着唐泰，使他能在此基础上发挥出自己的禅画风格。

多年以后，唐泰回忆了这一段学习的经历，他颇为自信，自认为学到了董其昌的精髓。

他在多年后隐居鸡足山修行时，曾在《临董玄宰先生帖》中有：“太史堂高不可升，哪知万里有传灯。后来多少江南秀，指点滇南说老僧。”对跟随董其昌的这一段学习过程，充满留恋之情。

在松江跟随董其昌学习书法绘画的间隙，唐泰还去拜望了李本宁先生，并给李本宁先生的诗集《翛园集》作序。在此之前他已把《翛园集》请董其昌作引，董其昌写道：“读其诗温淳典雅，不心赋帝京而有四杰之藻，不必赋前后塞而有少陵之法，余所求之六馆而不得者，此其人也。”李本宁先生在《翛园集》序中写道：“清而不薄，婉而不伤，法古而不袭迹。”两位先生对唐泰的诗都给予了很高的评价。

第二年，唐泰开始遵循董其昌“行万里路”的教诲，开始了他的漫游之旅。他的脚步遍及苏州、浙江、上海、江西、湖北、湖南、广西、贵州等地。一路和人交往切磋，咏诗吟唱，颇为潇洒。

受戒显圣寺

唐泰的祖上是浙江淳安人。对于祖先居住过的浙江，他的心里充满了好奇。他的祖先在这块大地上建功立业，繁衍生息，居住了几代人，创造了空前的辉煌。到后来惨遭朱元璋发配云南。作为唐家后人的他，时时想去到这块土地上寻根，去探究去接近去触摸这块与他们家族息息相关的土地。

于是，在和董其昌学画的间隙，他开始了浙江一带的漫游。

他游历了著名的雁荡山、普陀山，并留下了一些诗歌，歌咏这些胜景。

他去探访了浙江淳安，去寻找先祖的遗迹。只可惜，历经了多世，在淳安已无唐家的房屋遗迹可寻，从祖上留下的家谱记载中，已难以寻找故园的所在地，打听了半天，一无所获。只得惆怅而返。

他的步伐开始迈向浙江会稽（今绍兴一带）。当然游览古城会稽，当时的人们必不可少要到著名的显圣寺去游览，因为这里是名震一时的佛教圣地。

显圣寺坐落在会稽山的南麓。始建于东晋末年，原名云门寺，整个寺庙均在会稽山的环抱之中。去显圣寺，通过一条石板路，左傍若耶溪支流，右临铺翠的寺田，大约五百步，便看得到寺庙的院墙。

按说，作为一个有选贡功名的读书人，应积极进取，去赢得功名才是他最终的追求。唐泰虽然首次考试失败之后，他按大明的规定三年后仍可以参加京城的会试，再次博取功名。然而，唐泰自京城应试失败之后，他已绝口不提再次应考之事，和苍雪大师、董其昌等人交往唱答，只沉迷于书法绘画，钟情于游览明山秀水，早已把八股文抛于脑后。

他已没有了看到别人去应考而有“羡尔翅犹捷，令余骨更强”（《闪知愿将赴公车以诗勖之》）的思想，而渐渐产生了“不是老夫生爱懒，与僧交友渐如僧”（《答陈润之》）的想法。其实，唐泰已经渐渐地在内心与应试做了永诀！

唐泰进了显圣寺，在香烟缭绕中，听到和尚的念经之声，忙上前去跪拜礼佛，刚在大雄宝殿叩完头正要起来，就听上座有一洪亮的声音响起：

“下跪何人，跪佛为何？”

唐泰抬头一看。上座坐一老和尚，生得慈眉善目，最为突出的是鼻子硕大，嘴巴开阔，身着较陈旧的袈裟，整个人看上去虽随和但又透着些特殊的睿智，颇让人感到亲切。

唐泰忙答道：“我本云南落榜选贡唐泰，求大师开示。”

老和尚问："你从云南来么？"

唐泰答："是。"

老和尚又问："你从苏州来吗？"

唐泰答："是。"

老和尚说："一路上说得分明，又何求开示。"

唐泰答："不会。"

老和尚说："好个不会。"

唐泰问："参禅与念佛是同是异？"

老和尚说："自己尚不会，管他闲事。"

唐泰无言以对。

老和尚说道："老僧室内犹嫌冷，路上行人奈若何。莫道释门多淡泊，须知檀信受奔波。众中还有知恩报恩者也无。"偈语说完后，过了一会儿，老和尚又说道："挺起脊梁休放过，静中须会念阿弥陀佛。"

唐泰跪听老和尚的偈颂，真如醍醐灌顶，在这些颇有风雅遗意的偈颂中，唐泰终于解除了自参加应试以来的种种胸中块垒，他感到眼前一片光明。什么金榜题名，什么衣锦还乡，什么滇中第一才子，现在在他的眼前早就变得微不足道！他看到了科举应试外的另一片天地，这天地他在苍雪那里已有所感受，在这里更让他看得明晰。

唐泰后来才知道，这个老和尚就是显圣寺大名鼎鼎的方丈湛然圆澄大师，是中兴曹洞禅宗的宗师，他的学识引来了学僧云集、浙江佛教的大兴。没有想到唐泰却机缘巧合，和大师结缘相识。

唐泰便逗留在显圣寺多日，参湛然大师“面受了禅旨”，拜湛然大师为师，并在显圣寺出了家受戒，取佛名为普荷。

然而，唐泰的出家却并非彻底，因为按照当时的风俗，老母在堂，必须回家赡养。

在显圣寺做短暂的停留后，唐泰便离开了。这也是他第一次来显圣寺，也是最后一次来显圣寺。后来因明朝灭亡，道路被阻，战火纷飞，狼烟滚滚，让他始终“不能飞度中原，受衣钵于大老。”

他的师傅湛然大师于唐泰拜师的当年，也就是 1626 年患病去世。这一消息，唐泰也是在多年后才知道的。

唐泰在浙江会稽显圣寺受戒之后，彻底改变了他的人生观和世界观。他对一切事物的看法更加洒脱。在他的思想领域中，渐渐加入了佛家的思想，这在他的诗歌创作和绘画中都有体现。

归家路断

三十六岁的这一年，在外漂泊了三年的唐泰因思家心切，便收拾行囊，一路兴冲冲地从湖北、湖南一路经贵州返回云南，回家省亲。毕竟三年都没有回家了，他非常想念远在云南的家人。

可是他回家匆匆的脚步却被一场叛乱无情地阻止了，这一打击对他来说是非常大的。

此时，贵州发生了“安奢之乱”。贵州水西土官安位的叔父安邦彦，企图夺取安位的土司之职，于是率众起来公开响应此前反对明朝的永宁（今四川叙永）土官奢崇明。安邦彦率兵攻毕节，破安顺、平坝；乌撒土官安效良也起而附和；其他如沾益、武定的大小土官也乘乱造反。使大明西南地区卷入战火之中。

战火在滇东北、黔西、川南相互连接的地带，绵延不断地进行着。割断了云南通向内地的交通线，割断了他回家的道路。这场为了争夺权力的战火持续了多年，给当地的民众带来了无尽的离乱和痛苦。

战乱带给唐泰最直接的伤害就是回不了家。

在心里早把路程丈量了多少次，在梦中梦到了多少回归家的路，在心里想母亲、妻儿多少回！但是就单单到了贵州，按照正常的路途，就是四五天的路程，但是战火阻隔，眼睁睁就是过不去！

回家的路被阻断了。唐泰没有办法，只得迂回返回江南，开始他的漂泊的生活。望着故乡离得不远，却不能返回，他痛苦不已，又无可奈何。他在一首《送客回滇诗》中写道：

此去堪消息，垂杨响杜鹃。扁舟浑不定，两鬓已苍然。江上故人酒，雨中寒食天。况兼烽火急，何处问吾滇？

他为此急得寝食难安，甚至一路走到了战火的边沿，下定决心，企图冒险穿过战区强行返回家乡。

他试探了几次，发现数百里的滇黔古道的一个个关卡道路都被叛军封锁，烽火遍地，根本就过不去。

他想自己有一双翅膀该多好，能够飞越关卡。但他明白这是在做白日梦。

毫无办法的他只有迈着沉重的步伐在离故乡最近的地方转身而去，踏着无奈的脚步，依依不舍地离开，往他熟悉的江南之地而去。

第二次返回江南的唐泰，暂时抛下思乡之情，开始把目光投入到对神州大地的描述中，开始写实地描述大明末期的社会生活。当然，生性就爱奇山秀水的他，重点还是把目光放在山水秀丽的描述中，用他的话说是“歌咏满沧州”。

这次他返回江南的路是用脚步去丈量的。他步行千里，辗转多日，到了上海的空山（今佘山），拜望这里的一大名士陈继儒。

陈继儒，字仲醇，号眉公，他是董其昌的老乡。二十九岁时，才华横溢的他不想进取科举社会仕途，把读书时穿的儒生衣冠一把火烧掉，隐居于小昆山，后又迁移到佘山居住，建“东佘山居”，内有顽仙庐、神清之室，清微亭等多个景点，远近的文人都来和他结交。他对显贵和寒士都一视同仁。因此，他这里成为江南文人集会的场所。他的著述颇丰，尤以《小窗幽记》传世，其格言玲珑剔透、短小精养、促人警醒、言近旨远、益人神智，是一部颇受人追捧的人生格言小品集。

在东佘山居，当陈眉公得知唐泰颇受董其昌和李本宁赞赏时，开始有点不相信。在细读唐泰送上的诗集《翛园集》时，才渐渐相信眼前这一青年的才学。

当听说唐泰因安奢之乱阻道而步行千里专程来拜访他时，八十九岁的陈眉公已露出了惊讶的神色，对这个青年的举动非常不理解，在觉得和年轻人有代沟的感叹中，就向唐泰提出自己的疑问：

“从黔省迂回岭右到我这里有数千里的路程？”

“不错。”

“就为了来拜望我？”

“正是。”

“这也太辛苦了吧？”

“我的朋友是天下的名士，从你这里才是开始。”

“你真是一个世间磊落的奇男子啊！”

唐泰与陈眉公的交往是半师半友的关系，友的成分多于师。他写了十一首诗赠给陈眉公，表达了自己对陈眉公的崇敬之情。在和他交往的师友董其昌、李本宁、陈眉公中赠诗是最多的了。他们用诗交流，用诗对话，用诗切磋，用诗沟通。在一代小品大家陈眉公家，唐泰敢于面对大家，挑战大家，他曾经一口气作出《和陈眉公晚香堂小品中十咏》的十首景物诗，这十首五言小诗，当场点题，当场完成，速度奇快随口咏出，颇让陈眉公啧啧称奇。

这个来自云南的青年人感动了八旬老人陈眉公。他是这样评价唐泰的，说唐泰的诗“灵心道响，丽藻英词。调激而不叫号，思苦而不呻吟。大雅正始而不入鬼诗、童谣、方言俚语之俳陋。即长吉玉川复生，能惊四筵，岂能惊大来之独座乎？”

在继续漫游的岁月中，唐泰结识了贵州贵阳的文人谢君采。因滇黔相邻，情趣相投，颇为友好。其实谢君采也是苍雪的朋友。

唐泰和谢君采两人结伴漫游。他们一起游历广西，畅游桂林山水，并漫游了湖南的岳阳楼，并过荆襄途经孔明隐居的卧龙岗，又舟行过金陵等地。

漫游成为他的生活一个重要组成部分，同时漫游增加了他的阅历。

从唐泰的漫游线路上，我们可以大致勾勒一条走向。上京赴考的线路目标明确，一直抵达了北京。考试失败后，线路是散乱和重复的，多数时间停留在苏州、上海、浙江一带，后回家被阻又返回上海一带。但总体上看他的步伐大都在江南一带活动。他最远还到了雁荡山，游览美景并留下了诗词。

多年的漫游，唐泰的经费从何而来呢？会不会饿肚呢？原来，作为选贡，他每月都有一定的月供钱粮，正是有这样的待遇，再加上像苍雪大师等朋友的接济，才使唐泰能在外有经济的支撑，得以漫游多年。

以佳山胜水洗涤了心灵、开阔了自己的心胸；有良朋胜友为伴，有师友指点，唐泰在外学习了书法、绘画，并且和师友们印证了学问。

这是他在外游历多年的最大的收获。

抛弃选贡　甘为布衣

……

慷慨呈工具，
刺向当事头。
愿学古沉冥，
永以布衣休。

——担当《自述诗》

一封家书

大来吾儿：

自儿离别上京应试，一去七年有余，杳无音讯，全家人颇为挂念。你父已离世几年，却通知不到你。如今唯余母在堂，家中虽有你媳妇操持，但仍力不从心。何况老母身体已大不如前了。

吾儿外出应试，一去多年却毫无消息，我估计是名落孙山。考不上也无所谓，回晋宁乡里耕田种地，耕好几亩薄田一家人照样能过，不求你金榜题名，但求一家人团圆其乐融融度日。

你大女已许配给昆明傅宗龙老爷侄儿为妻，几次择日出阁你女一定要等你回家为其主持才肯出嫁。全家盼你回来主持大局、嫁女出阁。

吾儿在外多年，时逢烽火断路，消息不通，不知吾儿在外境况如何？为母极为挂念。

盼吾儿见信火速返滇，不得耽误。

母　即日

一封来自千里之外的乡信，辗转经过苍雪的手转到了正在陈眉公家的唐泰手中。

唐泰手捧书信，信未看完，早已经满眼泪水，看完书信，他痛哭不已。自己作为家里唯一的儿子，早晚却不能到堂前向母亲请安，却还引得母亲如此牵挂，为此他惭愧不已、恼恨不已、自责不已。

游子在外总有归期，这封信让在外漫游的唐泰立即决定返回云南，决心返回云南养母。

消息一传出，江南诸友纷纷前来道别，或送来礼物，或送来别诗，或亲自来道别留言。大家都不想让这个颇为投缘的云南朋友离开。

谢君采和唐泰在一起漫游的时间最长，也颇为欣赏唐泰，他写来一首题为《响町送唐大来还昆明读书西山》的诗："朝发泸江暮海门，留君不住又开樽。落花飞燕逢寒食，碧草春波断客魂。古调自怜投俗好，玄言未易与人论。篝灯忆到西山夜，半听钟声半暝猿。"

唐泰一一告别诸友，收拾了行李即将返家。他特意转道前往苏州中峰和老乡苍雪大师告别。

对于苍雪，唐泰是从心底里都充满了感激之意。想当年自己一人飘零北上，是苍雪热情地接待，关怀备至。自己应试失意，茫然不知所措的时候，是苍雪安慰不断，鼓励不断，让自己不至于消沉下去。大师还引荐董其昌、陈眉公、谢君采等名士和自己交往。对于自己，苍雪可谓尽足了同乡之道，甚至超出了一个同乡的友情，在生活上简直就像一个手足大哥在照顾他，在学问上就像一个老师时常对他教诲。

这两年，唐泰都在浙江一带漫游，两年不见，苍雪大师更显得清瘦，然而更加显出飘逸洒脱，透着仙风佛骨。

“你要回云南了吗？其实早该回去看看了。”苍雪听唐泰叙述之后，话语有些喃喃。因为这位老乡从十九岁出省后，离开云南也接近三十年了，对故乡也充满了留恋向往之意。

“是，老母来信催我回家，不得不回。”唐泰答道。

“回家好啊，回家乡真好！”苍雪充满了羡慕的表情：“我也想和你一起回云南老家啊！”

“那么，大师就和我一起回云南吧？”唐泰相邀道。

“心虽想回乡，可身不能回乡啊！” 苍雪语中充满惆怅。

“大师在老家呈贡可有我要代办事？”唐泰问道。

“我从三岁跟随父亲在昆明妙湛寺一起出家，九岁到鸡足山，十九岁出山游历到现在，父亲早已离世，老家亲人去世殆尽，老家已无甚牵挂！其实，出家之人本就没有牵挂！”苍雪声音有些颤抖。

“大师还有何要吩咐的？”唐泰又问道。

小艇难禁五两风，
鸡山有路几时通？
殷勤为我传乡信，
结个茅团在雪中。

苍雪大师随口缓缓地吟出了这首著名的《送唐大来还滇》的诗句，然后挥挥手，便低下头，慢慢地对唐泰说：

“一路保重，阿弥陀佛、阿弥陀佛。”

第二日，也就是崇祯四年辛未（1631），唐泰启程返回云南。此时安奢之乱已被平定，贵州到云南的道路已通畅，所以唐泰从浙江省经过湖南，经由贵州返回云南晋宁老家。

这年他三十九岁，从他三十三岁离开晋宁上京赶考，算起来他已离家七年了。

抛弃功名

回家之后，他十九岁的大女儿终于得以在父亲的操持下，嫁给了昆明进士、后来的兵部尚书傅宗龙的侄儿傅景明，这桩婚事因唐泰在外不归而拖延了两年的时间。女儿一直要等着父亲回来才出嫁。别人因她的年龄逐渐大劝过她几次，她都要等着父亲来为她主持出阁。她说：“我要在父亲的注视下才出嫁。”她的奶奶常说，大女儿的个性非常像她的父亲。

回家后的生活对唐泰来说是惬意的、美好的。

没有了在外的风餐露宿、颠沛流离，有的只是亲情的陪伴和平静日常生活的快慰。唐泰此时真正感受到家的温暖，更加眷恋家的生活。他现在最喜欢去的地方就是自己的书斋。在这里，他可以随意而为，或卧而看书，或大书狂草，或泼墨丹青，或吟诗颂曲。他的生活就这样渐渐恢复如水的平静。他还为自己取了一个别号叫“此置子”。

按照大明朝的惯例，如果唐泰不继续上京参与会试，他可以以他的选贡的身份向官府谋取一个诸如地方上的教谕、学正一类的职务。仍然可以享受大明王朝供给的钱米俸禄，过着衣食无忧的生活。

当地官府也因唐泰的学识声望，已经准备授他为昆阳教谕了。然而，唐泰却做出了一件让人不解的举动，他把自己当选贡的凭证、荐书交回了晋宁州的官府，并写了一封信做说明。他主动放弃选贡的功名，今后不再上京考试，也不想谋取何种职务，今后就做一个地地道道的农民，以耕田为生，养母尽孝。

余公车游倦，归来养疴泉石。年未四十，已无志通籍。于是，缴公具于当事者，愿以布衣从事，老于牖下，终亲之养矣。遑恤其他哉？亡何，圣明下辟贤之诏。当事者，将属余塞责。余何人斯，敢不断之于心以污大典。盖余之不能奉命者有四：一无忠言奇谋；二母老；三病；四懒。有一于此，恐所负不小。于是，愧涕之余，终不忍使岳嘲陇笑，乃作诗以况之，虽然此面妒，不忘洗意耳。若云沿门投刺，实非我心，相谅在乎识者。

——《言志诗十一首》引

康泰说，自己上京赶考，在外多年了，已经有些厌烦疲倦了，年龄尚未达到四十岁，但已经没有参与再考或者去当官家的想法了，自己把选供的凭证等交出来，自愿当一个平头老百姓，赡养母亲，终老天年，自己不能听从官方的召唤去当差的原因有四点：一是没有好的忠言，二是母亲老了，三是自己生病了，四是自己很懒惰。于此，怕辜负了官方的信赖，还望大家见谅。

唐泰的所作所为让人大惑不解。一时间，晋宁州全传遍了唐泰放弃功名的事。大多数人都不相信，而有的人以为他外出这几年可能受了什么打击,人变得有些疯癫了。不然，放着辛辛苦苦争取来的功名不要，还主动把它交回。在有明一代，他的选贡每个月都有月钱的。别人求都求不来，这不是疯了是什么！

还有些亲朋上门相劝，要他不要执迷不悟，不要放弃功名。

可是唐泰不管闲言碎语，依然我行我素。

经过这一次上京和在外的游历，他的声名远播。一时间，和他交往的人络绎不绝。

他对外称自己在家养母，其时诗书、画却已经到了一个成熟的境界。很多人都上门求他作画、写字。

他把这几年在外游历的诗和他早年的诗合编在一起，并翻印了上百册。这就是他的早期诗集《翛园集》。这一诗集代表了他的早期的诗歌成就。

其间，云南巡抚钱士晋和他交往后，称他为“云中一鹤”。巡按李一鹏更是称他作“南中高士”。典试汪国士称他为“追踪莱逸”。他可谓是当地的一大名士。读书人以结交他感到无上光荣。

由于他和陈眉公的关系，他和丽江的知府木增也有书信往来，木增颇为敬佩唐泰学识，自己写了一部《山中逸趣》的书，来信一定要请唐泰为其作序，并在信中多次相邀到丽江一游，唐泰却因事未能成行。等到他成为身披袈裟的和尚并专程到丽江寻访木增时，木增已经去世了，接待他的是木增的儿子木懿。这是后话。

盘龙祖师肉身不化

他的妻弟黄沂水，随父长期在外，于崇祯七年（1634）回到晋城，在他的记述中，于中秋夜和唐泰等九人集于盘龙寺赏月，都是原来的朋友，久别重逢，大家趁着中秋月色，一路游玩，一路饮酒，好不畅快。

到了月饮桥上，并一起联句作诗，记录其情景。让后人看到了他们的悠闲生活：“良宵几载寥落客神京，何幸重来交欢出化城。十友狂呼酣醉歌白苎，诸天缥缈响吹落银笙。仙子云间冰镜光清冷，酒人花底水晶色妙明。乘兴相携更于桥上酌，碧空塞雁风传第几声。”

离州城外五里的盘龙寺是唐泰从小就去熟了的地方，离他家也就是三里的距离，这里是他梦牵魂绕的地方。

他小时在寺前的梅谷书院上学时经常去寺里玩耍。

如今，年过四十的他，经历过落榜、漫游、受戒、缴还公具不当选贡，偷下闲来再次去看这座古刹，寺还是那座寺，观音殿、普贤寺、大雄宝殿、祖师殿……莲峰祖师的不腐肉身，虽然坐化了一百多年，依然还是栩栩如生，犹如睡去一般沉静。而自己如今已年过半百，祖师爷的肉身依然如故，真恍如隔世啊！而寺里的僧人却已换了一茬又一茬，这让唐泰又感慨了许久。

盘龙寺祖师莲峰的事迹，在唐泰还小的时候就耳濡目染，祖师本是晋宁人，本名姓段，名叫段圭，从小在昆阳普照寺出家为僧，苦修佛法多年，钻研佛理，生活艰苦。师傅给他一个话头参：“狗子佛性话”，这一话头让他冥思苦想，却没有收获，一天，他正在苦思的时候，突然听到山中有樵夫砍柴发出的声音，他立即顿悟。开始走出晋宁区，并为求佛法到祖国各地去游学，足迹到达了新疆、西藏一带，先后拜望十九位高僧，学习佛法。最后返回晋宁，建了当时规模宏大的盘龙寺。并把佛法向大理一带传播，每到一处，都“坐不设席，食不兼味”，最终经过“三照一圆通，正果在盘龙”（在安宁觉照寺、昆阳普照寺、新兴灵照寺、昆明圆通寺，而修成正果的是在盘龙寺），最终成为一代高僧。

1364 年八月八日，祖师染病多日后，留下偈语坐化。这一日，听当地人说有彩虹贯日三天，这种奇异的天象，被人们记录下来。

祖师面貌如生，肉身经久不化，端坐接受香火，就像睡着一样。祖师坐化将近有一百多年了，依然栩栩如生，成为晋宁一大奇观。

这一奇观更加引得很多地方上的人前去朝拜，盘龙寺的香火也随之越来越旺，盘龙山渐渐成为佛教名山。

祖师的临终诀别偈：

三界与三途，
何佛祖不游？
不破则便有，
既破则便无。
老僧且吞吐不下，
门徒不肯用心修，切记切记。

祖师平时很少留文章在世上，平时传法都是口口相传，而到临终却留下了这几句偈语，和他的肉身一样神秘地留了下来。唐泰早已看了多遍，如今再看遗偈依旧，祖师肉身依然坐在佛龛之中，和他多年前去赶考时一模一样，慈祥如同长睡。

现在他心中的想法却不一样了，唐泰只觉得眼里热热的，有眼泪在眼眶中，“一切有为法，如梦幻泡影，如露亦如电，应作如是观”，《金刚经》的语句跳入心头。

花枝催我出郊垌，晓雨东来杖不停。踏石有蹄存马迹，种松无风作龙形。二千人里几僧榻，四百年来一祖庭。古意寂寥峰缥缈，夕阳收尽影还青。

——《游盘龙寺》

盘龙老子骨已枯，人云汝活胡为乎？三界尚存何佛祖？一言难唤此门徒。莫管尔时破不破，直到如今无也无。所以吐吞未能测，沉潭之下龙可呼。

——《盘龙寺读莲峰祖师遗偈》

崇祯九年丙子（1636），在这一年中，是唐泰比较痛苦的一年。他在这一年失去亲人和老师。母亲郭氏因病去世，享年八十一岁；他的受业恩师董其昌也在这一年去世，享年八十二岁。

唐泰送母亲归山，和父亲一起葬在坪垌山之阴唐家的祖坟中。自己依例在家中守孝，他便在自己的墨斋之中，用守孝的时间，继续自己的绘画、书法的创作，继续向艺术的高峰攀登。

和徐霞客的交往点滴

朝履霜岑暮雪湖，
阳春寡和影犹孤。
知君足下无知己，
除却青山只有吾。
——唐泰《先生以诗见贻赋赠》

一个钟情山水的奇人

公元 1638 年冬天，也就是大明崇祯年戊寅年九月底的一天，在通往昆明的大道上，风尘仆仆地走着一个人，后面还跟着一仆人担着行李。

时令已进深秋，路边稻田里只剩一堆堆稻草，偶尔有一两家在焚烧稻草做肥料，袅袅腾起的烟雾慢慢飘散入天际，扑鼻而来的是草灰味，直冲鼻子。远处的群山已经显得有些草衰山瘦，但依旧还保持着云南山水特有的绿色，在农历九月的天气中，依旧呈现着碧水蓝天的风景来。

这个在道路上行走的消瘦的中年男子，身着灰袍土裤，头戴一顶遮阳帽，手拄一根拐杖，走走停停，时不时地走下路边查看河里水的流向，或用手遮檐眺望山势走向，让路边的人觉得此人行迹有些怪异。

他就是著名的旅行家、地理学家和游记作家徐霞客。这是他第二次到达云南省城昆明。

崇祯十一年五月初十日他由滇南胜境关入云南，过平夷卫（今富源县）、交水（今曲靖市西平镇），然后往南沿南盘江以船行为主，抵曲靖府、越州卫（今曲靖市越州）和陆凉州（今陆良县），沿途沐石堡温泉，游览陆凉西部的石门（今乃古石林）胜景，再经嵩明州（今嵩明县）南部的杨林，抵云南省城（今昆明市）。在昆明游太华山，写《游太华山记》和《滇中花木记》；然后从滇池东岸往南，经呈贡、晋宁、江川等州县，至通海县有秀山，再南达临安府（今建水县），考察泸江源。七月十五日在石屏；八月初一日游颜洞，写《游颜洞记》。继续往东到阿迷州（今开远市），转北经弥勒州达广西府（今泸西县），途中写《随笔二则》。为了体例的整齐，现在一般将上述四篇文章作为《滇游日记一》。

据《滇游日记二》，崇祯十一年八月初七日，徐霞客在广西府（今泸西县），考察南盘江；然后往东北经师宗州（今师宗县）、罗平州（今罗平县），到贵州的黄草坝（今贵州兴义市）；八月二十九日复入云南。据《滇游日记三》，崇祯九月初一日，徐霞客从云南东界今富源县的笔冲起程，途经亦左县（今曲靖市西平镇）、寻甸府（今寻甸县）、嵩明州（今嵩明县），二十九日达昆明东北郊

担当山水图

的三家村。这次横穿滇东，为了尽量不与原来走过的路重复，多取间道小径或人迹罕至的山区，沿途洗沐了石堡温泉，游览了东山寺、宗镜寺、法界寺、翠峰山寺。还考察了车湖、嘉丽泽等高原湖泊及滇池主要水源——盘龙江源，写成《盘江考》。

这是他第一次到省城，没有惊动任何人。

历时几个月的盘江实地考察基本完成。徐霞客此次到省城昆明的目的是探望晋宁的唐泰唐大来及诸朋友。

第二次南行前，徐霞客曾到佘山拜望自己的老朋友陈眉公。眉公得知他要南行后，便修书给云南的朋友，请他们为徐霞客出游提供方便，特意提到了唐泰。陈眉公对唐泰推崇备至，告诉徐霞客到云南后，此人一定要见一见，有什么困难也可以找他。徐霞客牢牢记在心上。上次他在省城游玩时，有一天遇到一个朋友张石夫对他说："这里有一个名士叫唐泰，不可不会啊！"他在西山游玩时听说唐泰正在傅元献别墅做客，他就赶去拜访，可惜他到时唐泰已走了。

当他从昆明探查南盘江源头首次从晋宁州路过时，因行程紧张，来不及到唐泰家拜访，便匆匆擦肩而过。

此次即将探查完成南盘江源头，要踏上去鸡足山的道路，更想着去晋宁拜望唐泰和晋宁知州唐元鹤，顺便一游古都晋宁。当然，徐霞客还有一个很害羞的理由，就是自己身上钱已经所剩无几了，如果想不到弄到钱的方法，他只有乞讨着去游滇西了，这也不好开口，只得走一步是一步了。

“顾行，顾行，走快一些吧，不要错过了时辰找不到投宿之地。”徐霞客催促渐渐落在后面的仆人顾行。

“是，老爷，你只管往前走，我跟得上你。”顾行说着换了换肩，挑着挑子加紧了步伐追赶徐霞客。

他们从嵩明经过白邑、松华等地，于旧历的十月初一从昆明东门入城，在城中吃了饭，又从西门出了城，抵达一个叫吴方生的朋友家住宿休整。

一天，徐霞客在街上走时，突然遇到一个人向他作揖说：“尊驾，你可是来自江阴的徐霞客吗？”徐霞客觉得有些诧异，居然在昆明有人能认得他，忙回答是。“晋宁的名士唐泰等你很久了。”原来此人名叫周恭先，和张石夫都是唐泰的朋友，在唐泰家，唐泰常念叨徐霞客要来啦 。周便时时放心上，居然在昆明街上巧遇了徐霞客。这让徐霞客更加迫切地想见一见唐泰。

十月初四的早晨，徐霞客整理停当，辞别吴方生等人，前往晋宁。他们从羊市向南走了几里路，到达滇池南坝渡口。下午登上渡船后，一直等到傍晚，船家才拔锚开船，整个滇池夜景一览无余，四处一点点渔灯，犹如繁星四布，夜景特别美。西南风劲吹中夹杂有一股潮湿而新鲜的水特有的气味，非常清新。渡船一直走了大约有三十里的样子，到达了海口停泊，到了夜里三更才又前行，天亮时渡船抵达北圩口，这里是观音山东南的滇池边。在山崖边有温泉，船上的人有的登岸去洗温泉澡。徐霞客因耐不住寒冷，便没有去洗浴。

一切完毕后，船家便挂起船帆向东南方驶行，斜穿出滇池，向晋宁方向开去，走了大约四十里，抵达晋宁的安江码头。

在村里的小饭馆里洗漱收拾了一下，徐霞客和顾行便向南而行，远远的他们看到晋宁州的城墙了！

文人盛会

唐泰在家的时候早已收到了好友陈眉公寄来的书信，信中专门提及徐霞客要来的消息。信上说：“良友徐霞客，足迹遍天下，今来访鸡足并大来先生。此无求于年平原君者，幸善视之。”

看到此信后，唐泰颇为激动。陈眉公远在千里之外托自己照顾一人，这能够推辞吗？更何况是叫他照看名士徐霞客！

徐霞客的名唐泰早就听说了，此人从小有文名，豪放不羁，好读奇书。然后，他很早就放弃仕途，多年来漫游全国，寄情山水。这一点上，在唐泰的骨子里也曾有过和徐霞客一样的想法，可惜自己不可能舍弃家室，像徐霞客那样的执著，甚至是靠变卖家产，沿途求友去旅游，故此他十分敬佩徐霞客。因此接待徐霞客成了唐泰的头等大事。

但是，徐霞客行踪不定，不知道他何时到昆明，会不会到晋宁来找自己，何时离开？

于是，唐泰便抽空经常到昆明朋友处打听，甚至把陈眉公的信念给朋友们听，请昆明的朋友留意徐霞客的行踪，只要见徐到昆明，一定要通知他。

就在五月中旬，唐泰就听说徐霞客已到了省城，正在太华山一带旅游。他便急急带着小舅子黄沂水赶去接待。只可惜，他扑了一个空，徐霞客已经离开太华山，从呈贡向晋宁方向去了。唐泰以为徐霞客来寻自己了，于是又忙返回晋宁家中等待，可左等右等都不见来。后来才知道，徐霞客只是路过晋宁一路向南而去。让唐泰在家遗憾叹息不已。

终于，在 1638 年冬日的一个下午，唐泰和徐霞客相见了。

从安江村出发，“仍南四里，过一小桥，即西村四通桥分注之水，为归化、晋宁分界处。又南四里，入晋宁州北门，皆昔来暗中所行道也，至是始见田畴广辟，城楼雄壮焉。入门，门禁过往者不得入城，盖防阿迷不靖也”。这是徐霞客对再次到晋宁的描述。

唐泰正在家中，忽有人通报，说一个自称“淮阴徐霞客”的前来拜望。唐泰一听，大喜过望，左思右盼的徐霞客终于来到，他慌忙迎出绍箕堂。

历史注定了这两个历史人物见面的缘法，其实这一个日子和平常的日子没有任何区别。

“可是徐宏祖先生吗？可把唐泰盼死了想死了！”

“正是在下，久闻大来之名，今日相见实是幸甚，幸甚。”

“先生足迹遍天下，能到寒舍，实乃蓬荜生辉。”

“哪里，哪里，山野之人打扰大来，自觉不妥。”

“先生说哪里话！自眉公书信来，我已等先生数月了！”

“实想早来，因行程耽误，让大来牵挂实属不该。”

“先生不要自责，快快请进吧。”

“好，好。”

两人见礼完毕，唐泰手挽着徐霞客，热情地把他迎进客堂。

唐泰忙张罗饭菜。陪徐霞客吃午饭。

吃完饭后，在唐泰的陪同下，到州府内拜见晋宁知州唐元鹤。唐元鹤对徐霞客的到来也是非常高兴，大家在一起相谈甚欢。晚上，唐元鹤摆下酒宴为徐霞客接风。深夜酒宴完毕，才把徐霞客安排在州里的旅馆住下。

第二天，唐泰约了自己的两个舅子黄沂水、黄禹甸去拜望徐霞客。而徐正与唐元鹤下围棋消磨时光，大家又想互谈论一番。晚上又摆酒痛饮，不醉不归。连续三天都是如此，待徐霞客颇为周到。

一天晚上在唐泰家的酒宴上，两人在饮酒。谈兴正浓时突然一阵难听的吵架声从隔壁传过来，忽高忽低。

隔壁的邻居为一些小事吵个不停，吵架的声音时高时低地从墙外传进来，令人有些烦躁。影响了两人的饮酒的兴致。唐泰为安慰徐霞客，便吟道：

> 君为探奇得此闲，
> 我虽无酒破愁颜。
> 闭门不管乡邻斗，
> 夜话翻来只有山。

徐霞客会意地看着唐泰，挤一挤眼，跷了跷拇指，两人相视一笑。

十月初八这一天，吃了饭后，唐泰因有事安排黄沂水陪徐霞客去阳城堡看李秀之庙。他们出了晋宁州西门，不远便是所谓的古土城，城西北有一座庙，庙中供奉的是唐朝晋宁州刺史李毅之女李秀。因李秀继承父业，守晋宁城，打退来犯之敌，保护百姓有功。当地便修庙供奉，称为明惠夫人庙。香火极为兴盛。

徐霞客看塑像时，只见塑像塑得非常大，外面用黑漆涂了多层。人们都说塑像里还存有李秀的肉身。徐霞客问黄沂水可有其事。黄沂水说确有其事，“早年间，有老鼠咬坏了塑像的脚，便露出人骨来。”徐霞客听后颇为惊奇。

头一天因玩得太晚的缘故，第二天徐霞客便生了病，咳嗽不止，有些头重脚轻。他便躺着，蒙上被子，要发汗治疗。

唐泰一听徐霞客生了病，便急急跑来探望，又是请大夫，又是煎药，早上晚上都来病榻前照顾，嘘寒问暖，又邀了朋友来探望，情意颇为深厚。

到初十一日，经过调治，徐霞客身体康复，大家又才轮流请他喝酒。当然，徐霞客在唐家的时间是最多的了。

唐泰陪着徐霞客，游览了晋宁州主要的景点，盘龙寺、金沙寺、天城门遗址、石将军庙、牛恋乡的牛恋石。徐霞客凭着自己的对地理的钟情，对晋宁的山水都一一详细记录在他的游记之中。

《徐霞客游记》记载的晋宁名胜至今大多仍在，唯有金沙寺仅存遗迹。《徐霞客游记》记述道："从天女城盘金沙山北夹，又一里半而入金沙寺。寺门北向，盘龙莲峰师所建也，寺颇寂寞。由寺后拾级而上，为玉皇阁，又上为真武殿，俱轩敞，而北向瞻湖，得海天空阔之势。山之西麓，则连村倚曲，民居聚焉。入调治山楼，饭而登出，凭眺寺中。下步田畦水曲，观调治家人筑场收谷。戴月入城，皎洁如昼，而寒悄逼人。还饭下道，不候唐君而卧。"现在只有金沙寺一部分前殿宝园寺遗存。

诗酒唱和的日子

从十月初六到十五日，在唐泰等人的热情接待下，徐霞客在晋宁州过了十天非常舒适、惬意的日子。

徐霞客向唐泰讲了和他一起南来朝拜鸡足山的静闻

和尚的事。静闻本是迎福寺僧人，二十年来刺血写了一部《法华经》，想亲自把它送到鸡足山供奉，后来和徐霞客相约来鸡足山。崇祯九年，在湘江遇到强盗抢劫财物，其余的人都跑了，静闻却独留舟中，被强盗一槊打入江中，但他把经书顶在头顶上，保住了经书，自己却受了重伤。及来到广西境内，静闻因伤重而不治，临终时对徐霞客说："我立志要到鸡山，却不能到达了，我死后你可以带着我的骨灰前往鸡山，替我完成夙愿。"徐霞客为实现静闻的遗愿，就焚化了静闻的遗体，把他的骨灰用木匣装了，一路身背着静闻的骨灰西来，要带到鸡足山埋葬，以了静闻的遗愿。自己还作了六首诗来怀念静闻，其中有一首诗这样写的："同向西南浪泊间，忍看仙侣坠飞鸢。不毛尚与名山隔，裹革难随故国旋。黄菊泪分千里道，白茅魂断五花烟。别君已许携君骨，夜夜空山泣杜鹃。"

唐泰听了静闻诚心向佛，而中途遇难的事后深受感动，当即提笔作《瘗静闻骨记》，来抒发自己的感情。为了准确表达出自己对静闻的崇敬之情，唐泰三易其稿，直到深夜才写成。可惜，唐泰的《瘗静闻骨记》没有保存下来，只留下篇目，非常遗憾。

在晋宁停留期间，徐霞客和唐泰互相吟唱应答，用诗歌来切磋交流，十分快乐。同时，唐泰对于徐霞客的游览祖国各地的举动表现出羡慕之情：

我曾历遍几间关，落得乌藤杖不闲。从此不

须劳淡想，留君一坐即名山。（《留先生小坐》）

日与故乡远，客心不可争。幸存一片月，到处有同明。（《与先生月下写怀》）

云如绮乡石喑岈，都在苍梧一水涯。多少奇峰收拾尽，囊中犹有白丹砂。（《问先生粤中山水作》）

自是闲人厚不闲，何方辛苦非间关？生平只负雪山梦，一步能空天下山。形影无偕狎老魅，语言叠转通诸蛮。丈夫出门乃其事，儿女湫湫当破颜。（《赠先生》）

四十未云老，行藏犹可嘲。如何空有屐？相对也如匏。（《自述呈先生》）

有个插天峰，常待公策杖。常足宜最高，不许云在上。（《送先生游鸡山》）

唐泰几乎每天都要送一首诗给徐霞客，徐霞客被唐泰的情意感动，也被唐泰的文采打动，他这样评价唐泰，“今大来虽未发解，而诗翰为滇南一人，真不忝阙祖也……”

常言说，天下没有不散的筵席，相会总有离别之时。

唐泰看得出，徐霞客的心思仍放在西去鸡足山，甚至去腾越和去缅甸上，放在考察云南的山山水水上，这是谁也挡不住的，他已经想动身，继续自己的旅途。

唐泰已悄悄为徐霞客的送别做准备，已请人为徐霞客赶制棉袄、夹裤，还准备为徐霞客举办送别宴，还特意请人到省城去请歌童来为送别宴助兴。

十月十六日，急于赶路的徐霞客果然前来辞行。唐泰苦苦挽留，并告诉徐霞客自己已在准备送别之宴了，要好好地为徐先生畅饮送别。再表地主之谊。

徐难以推辞，便继续留在晋宁等待，白日里，他都在晋宁州府里度过。

十月二十二日晚，唐泰为徐霞客举行了一隆重的饯行宴会。

宴会邀请了晋宁的文化人，知州唐元鹤，有朋友张调治、董沂水和黄禹甸两兄弟，和杨、赵二学师以及一些好友纷纷前来。

宴会分宾主坐好后，唐泰便说道："徐先生到晋宁来，是晋宁的幸事，他不辞辛劳，遍访我朝山水，一路写大作，晋宁州也是将被大作所记载，我们感到无上的荣幸啊。"停了停，唐泰又说："先生壮志远大，脚步要走遍天下名山，已完成了十之八九。仅有鸡足山等名山，先生即将要去游览。今日，便是和先生饯行之日，祝先生一路顺风，完成平生的夙愿。"

徐霞客当即举杯和大家干杯后，说了些感谢的话。

黄沂水早就忍耐不住，打断徐霞客的话说："先生不要说这番话，你只要来，都会招待你的，你就把我们的家当作你的家就是了。"

其他宾客也大声地附和着，纷纷提出要徐霞客从鸡足山回来时，再返晋宁州做客，让他们再尽地主之谊。

在热闹的气氛中，大家纷纷上前为徐霞客敬酒，叙说离别，祝他一路平安。

徐霞客也欣然满饮了几杯。

唐泰拍了拍手，一时间酒宴上便响起了乐曲之声，随后便有戏子上前演出为徐霞客出演当地的歌舞，这是用当地对待朋友最隆重的礼仪。

歌童和舞伎都是唐泰专程从省城请来的，为请这些歌童和舞伎颇费周折，提前两天就派人到省城约请，而费用也不低。

富有云南味道的歌曲一时间在酒宴上响起，有高亢激越的曲目，有低回婉转的曲目。歌舞者声音轻柔婉转，颇为动人。

较之江南的戏曲，云南的又大不相同，让徐霞客听得如痴如醉，同时从心里感激唐泰对自己的友情。他再次诉说感激之情时，被唐泰用手势压止。

送别宴让徐霞客喝得大醉，当晚由人搀扶着送回旅馆。

第二天，唐泰来看徐霞客的出行准备情况，为徐送来了棉袄、夹裤和一些钱，又把分别写好的给滇西一些朋友的信让徐霞客带上，沿路有困难就去拜访。

农历十月二十四日的凌晨，唐泰早起看天色，看到阴云密布，天冷异常，可能要下雨，忙派人去告诉徐霞客说：“天阴将要下雨，天气寒冷，请先生再留晋宁一天，等天稍晴再走。”徐霞客说不能再耽误行程了，即使下雨也要出发。

唐泰便亲往旅馆送徐霞客，要为徐霞客撑雨伞，被徐霞客谢绝。

果然，不一会儿，天便淅淅沥沥地下起了雨，冷风劲吹，冷雨敲打着晋宁州城的街巷，风寒逼人，街上几乎没有什么行人，只有一块接一块被雨水冲刷得很干净的路条石一直延伸向城外。

唐泰陪着徐霞客，一人拾一把油纸雨伞，冒雨从西门慢慢走出城来，唐泰说些一路上注意的话，徐霞客一一答应。

在城门口，晋宁知州唐元鹤和黄家两兄弟早摆了酒在道中等待。这时，天却突然转晴，于是大家共同举杯一口干下。徐霞客向送行的诸人一拱手，跳上了马，顺着大道离去，继续他的滇西之行。

唐泰站在道边，看着徐霞客远去的身影，他的心潮澎湃，突然在心中深有感触，觉得自己不能老是待在家里啦，自己也该像徐霞客一样来做自己想做的事情，干上一番事业。

在和徐霞客分手的一瞬间，他迅速地在心底里做出了一个大胆的决定，是他该出手的时候了，他要出手了！

昆明劫灰

人生宁有几春秋，
忽过半百不自由。
从此日月但西坠，
何处江海非东流。
诗书凭谁可尚论，
子孙于我无后忧。
窃喜腕与年俱老，
独让右军岂一筹？

——唐泰《壬午五十生日》

沙定洲的谋士

公元 1644 年，北方的战事一天比一天紧了，坏消息一个接一个地传来，日子一天比一天难过了。

在北方，闯王李自成的军队在陕北已成了气候，不仅占领了陕西大部，攻入河南，还向大明的首都北京挺进。一路上夺关斩将，所向无敌，明朝军队已损兵折将，节节败退。

早在前年（1642），唐泰的亲家、官渡人傅宗龙被任命为兵部右侍郎、兼右佥都御史，总督三边。接替襄阳兵败的杨嗣昌。农历九月，傅宗龙联合保定总督杨文岳、总兵贺人龙、李国奇等渡过黄河驻扎到项城讨伐李自成。九月初四日，探马来报："闯贼已渡过黄河去偷袭汝宁啦。"傅宗龙与杨文岳立即出项城去救汝宁。想不到李自成已在孟庄设下了埋伏，明军刚要解甲做饭，便被李自成伏兵四起攻击。总兵贺人龙、李国奇被打跑，杨文岳被副将他皇扶上马退入项城。傅宗龙与麾下亲兵便在孟庄固守。李自成便挖两条壕沟困住傅宗龙。被困的六千多名明军弹尽粮绝，只得杀马充饥。坚持到十五日，战马骡子都被吃完，营中火器弓矢已用完，仍不见援军，便于十六日二更天突围。傅宗龙且战且走，徒步跑到离项城八里远的地方，被李自成军擒获。自成的兵假称傅宗龙家将，拥持着他来到项城下，叫城里的人开城迎接。傅宗龙大声地叫：

"这些是闯贼，我是傅督师，不幸落入贼人之手，你们快用大炮轰击，不要管我而中了敌人的奸计。"自成兵挥刀砍中傅宗龙的头，傅宗龙仍然大骂不止，被恼羞成怒的李自成士兵杀死了。城上的明兵看到傅宗龙被杀死，当即开炮打向农民军，李自成的兵才退去。

傅宗龙被杀的消息传到云南来，唐泰还去官渡傅家营亲家中祭奠，并去安慰已经守寡家中的大女儿。因为早些年前，自己的女婿已去世，大女儿要执意守寡，说要把儿子抚养大。唐泰为有这样的性烈的女儿感到欣慰。

北方的战事虽然对于远在边陲的云南有些遥远，但是，"山雨欲来风满楼"，另一支农民军张献忠的军队已进入四川一带，攻城夺寨。这就直接对云南构成了威胁。云南看似平静的局面还能维持多久呢？

1644 年三月，这一年是农历的甲申年。昆明的春天已早早地来到，郊外已有人在踏青登山了，由于四季变化不是特别的明显，四季常绿的昆明也只有在春季显出风大、干燥，才能让人们真切的感觉季节变化。

早春二月是一个令人蠢蠢欲动的季节！

五十二岁的唐泰在这年里已离开晋宁州在昆明住了将近五年的时间。

从 1640 年开始，他就经常住在省城昆明。他为何只身入昆，一住几年呢？说来话长，虽然他抛弃了大明选贡的头衔，口口声声要以布衣终老，不再管国家的纷争。但是唐泰从骨子里仍然心存社稷，时时关心明朝的兴衰，说到底，他是大明的忠诚子民。

当听到北边的李自成、张献忠闹得很凶；东北的后金军队攻城略地，朝廷派兵征讨连连都吃了败仗。在家养母送终的唐泰心中颇为着急，颇为激愤，年轻时“既为男子当自强，挑弧棘夭志四方”的激情又重新在心中燃起，欲在乱世之中有所为的想法越来越强烈。

为母守孝三年期满后，他便急匆匆赶到了省城，寻找施展自己报国的机会。在省城蹉跎了两年，这是他在选择为谁效力，才能起到关键的为国效力，实现有一番作为的目标。

纵观云南的格局，世袭黔国公的沐天波拥有很大的兵权。在云南这块土地上世袭多年，他权高位显，但沐天波目光狭窄，为人庸踏，没有任何可取之处。其他的大明官员如巡抚吴兆元、巡按吴文瀛等更是如木偶一般，无所作为。

那么谁可依附，谁能帮他实现愿望，谁能成为他可以效命的人呢?

一次文人的集会使唐泰定下了辅佐的目标，使他成为这一群人的谋士!

那一次集会上有著名的书法家陶可望先生、临安（今建水）生员汤嘉宾、沐天波手下的武官陈佐才，甚至连巡抚吴兆元听说有唐泰等名士在声的集会，也赶来凑热闹。

大家说些朝廷大事小情，谈论些诗词歌赋，还提到禄丰在朝为官的进士王锡衮因父病亡现正在家中守孝等事。

这时，临安生员汤嘉宾走过来向唐泰施礼问好，向唐泰表达了仰慕之情。

原来，云南以沙定洲、普名声、吾必奎为首的土官，近几年势力随着镇压其他水西、乌撒等地的叛乱而各自壮大，每人拥有自己的武装，逐渐不听云南三司的调遣，还对周边州县侵扰掠夺。广西府知府张继孟为消灭普名声的势力，便用计谋毒杀了普名声。却促使普名声的妻子万氏改嫁给阿迷（今蒙自）土司沙定洲，两州土司势力合二为一，盘踞在广南、富宁、蒙自一带，兵力更为强大，已发展到和云南地方官对抗的地步。

汤嘉宾是万氏的妹夫，是沙定洲的谋士。在此非常时期，沙定洲派汤嘉宾到昆明打探消息。

汤嘉宾深慕唐泰之名，在宴会上偶遇，当然要认识一番。交谈之中，唐泰听了汤嘉宾的介绍，说沙定洲求贤若渴，颇为仰慕先生，望先生能指点一二云云。唐泰正愁无用武之地，听了介绍后，灵机一动，是呀，沙定洲目前是云南势力最大、兵力最强的土司，如果辅佐他那么再乱都可守住云南，还可以挥师出击去平定四川的张献忠，为国效力，这何乐而不为呢?

于是，唐泰又和汤嘉宾密谈了几次后，他便顺理成章地成了沙定洲的谋士,秘密地在昆明与沙定洲书信来往，提供昆明的情况，为其出谋划策。

这一日，沐天波手下的将领陈佐才来向他辞行。

陈佐才是蒙化（今巍山）人，为人倜傥不羁，年纪颇轻便练就一身好武艺，在黔国公沐天波麾下当了一名将领。然而，他却非常爱好写诗，常常自己吟诗，并到处请教。得知名士唐泰来省城常住，便跑来请教作诗之法。唐泰想不到他作为一个武官，是这么的爱学习，看其诗，天真烂漫，常有惊人之语，也有些惊奇。一来二去，两人便成了好朋友。

唐泰忙迎进门，沏上茶，分宾主坐下。

“我今天来是向先生辞行的。”陈佐才说。

“是有公干吗？”唐泰问。

“正是，黔国公令我到四川置办粮草，今日就要启程。”

“川地大半已被张献忠占领，为何还去？”

“军令如山，只有遵守。”

“四川已被张贼占据大部，你看张献忠会从四川进攻云南吗？”

“很难说，听说沐国公已打算派人带兵防守了。”

“看来难免一战了。你此去要多多保重，作诗不能放弃，要时时吟咏练习，才能有所收益。”

“是，先生教诲铭记在心。我就此别过。”

陈佐才出门上马而去。走了一段路后，突然，又返回来，把身上的佩剑解了下来，递给唐泰说：“这把宝剑随我多年，先生留着作个纪念。”

唐泰要说些推辞的话，陈佐才却执意相赠。硬是把宝剑塞到他手里这才打马离去。

送完客后，手拿着剑的唐泰依然在沉思，他此时没有心思把玩宝剑，他要把这沐天波调兵这一情况告诉给沙定洲。

看来，时机已经到来。

甲申年

甲申年应该是一个多事之年。

三月十九日，李自成的大顺军攻进了北京。大明帝国的最后一个皇帝崇祯帝朱由检在煤山自缢身亡。李自成军队进入北京。历时二百七十年的大明朝也宣告覆灭。

云南得到这个举国震惊的消息是三月二十几日了，这一消息传到云南时，不亚于是一个晴天霹雳，人人都像被当头一棒给打懵了。大家心中至高无上的皇帝转瞬就没有了。以后还能向谁去效忠？向谁去朝拜？今后要过的是没有皇帝的生活了！这就意味着民将不民、国将不国了。

唐泰得到这个消息的时候，正在昆明妹夫朱运家参加一个朱运家族的一个小伙子的婚礼。他已顾不了什么，当即放声痛哭，哀悼死去的崇祯皇帝。虽然自己已是受过戒之人，应不为外界所侵扰，但是，毕竟自己是大明的臣民，世代受到大明的恩惠，自己还梦想着在云南迅速有所建树，然后，带一旅之师去北京勤王，去扫灭叛逆，去抵御满洲的入侵。可是到头来，皇帝都没有了，自己拖着年过半百的身躯去向谁尽忠呢。

还有，今后又该何去何从呢，是转身回晋宁终老，还是继续待在省城？那么待在省城又干什么呢？这些问题，都是因为崇祯皇帝的去世变得复杂，他需要重新定位自己的方向，重新找准自己的目标。

很快，唐泰从坏消息的混乱中清醒过来。他更加坚定了辅佐沙定洲的决心。他要使沙定洲来平定云南，然后再借助沙定洲的兵去征讨大逆不道的李自成、张献忠以及满人，为崇祯皇帝报仇。

唐泰的伤心变化把在一旁的外甥朱昂也吓到了，不知如何来劝自己的舅舅。

已经二十八岁的朱昂从小就最崇拜舅舅了，从小向舅舅学，学舅舅的举止、说话、为人处事，学舅舅作诗、作画、书法……凡是舅舅拥有的，他都要学习模仿。这不，其他倒不怎么学得好，唯有作诗得到了舅舅的肯定。

这几年舅舅住在省城，朱昂更是喜出望外，自己都成了舅舅的跟屁虫了。这不，今日朱家族中有人举得婚礼，朱昂早就把舅舅请来做客，朱家在昆明也算得上大族，在一起吃饭也有三百多人，喜宴办得热闹非凡。可就在这节骨眼上，舅舅竟当众流泪哭泣，让大家显得有些尴尬和不知所措。

“舅舅请不要过分悲痛。”朱昂劝道。旁边也有亲戚过来相劝。

“惭愧，当着这么多人，真不好意思。”唐泰此时才发现自己太过失礼。

唐泰忙擦了眼中的泪，匆匆起身和大家辞别，他怕自己的情绪影响朱家的喜宴。

朱昂知道舅舅的脾气，也没有阻挡，一直把舅舅送出了门外。

正巧，刚出门，便遇到云南巡抚吴兆元派来的人寻唐泰，说请唐泰先生到府上喝茶。唐泰不便推辞，便跟着来人到了云南巡抚衙门。

通报后，云南巡抚吴兆元迎出门外，寒暄之后，一起到了客堂坐下。

唐泰还有些纳闷，吴兆元便说道：“先生驻昆，平日相见都不能详谈，今日特地请先生一晤。”

唐泰忙说：“我区区布衣，烦劳巡抚大人专请，实在是受宠若惊。”

“先生乃云南名士，先生能来，已是不易，先生不必过于自谦。”吴兆元急急打断了唐泰，接着说：“目前，万岁爷在北京殉国了，国有些不国了，今日请先生来，便是请指点吴某一二，如何面对此局面。请先生不吝赐教。”

唐泰此时才弄明白了吴兆元请自己来的真正用意。便道：“如此大事，抚台垂询实不敢当。”为进一步查实云南是否调兵到边境防守张献忠，就话锋一转：“抚台不是已有所作为了吗？”

“唉，那是没有办法的事，前日和沐国公和吴文瀛巡按会商，已准备派李大赀领兵到会川（今会理）防守，一切已在准备之中，对于四川的张祸不得不防啊。”吴文元显得有些无可奈何。

“那么，抚台的意思是——”唐泰又问。

“现在，人心都乱了，就是想和先生讨个主意啊。”吴言语好像已不知了今后的道路如何走了，已到了不知所措的地步。

“抚台不必过于惊慌，滇省地处边地，朝廷一时被破，但我大明江山幅员辽阔，闯贼和虽攻陷北京，还有诸王分驻他处，应不会容闯贼横行。我们只需静观其变吧。”唐泰对吴文元说也是在对自己说。

“静观其变！静观其变！”吴文元反复念着这四个字，微微点了点头。

“在下还有一言要向抚台说。”唐泰要趁此机会向吴进言。

“你说吧，你说吧。”吴文元好像从唐泰这里得到了一根救命稻草，所以唐泰的话比较中听。

“抚台何不把滇省土司也调来参与防守滇境，像武定土司吾必奎领地与四川接壤，那且不是万无一失。”唐泰向吴文元灌输道。

“你说的很有道理，我认为可行。”吴文元很兴奋地说：“我的眼光是不错的，唐先生果然颇多智谋啊，今后有事还要多找唐先生讨教啊。”

唐泰忙又自谦一番，心里高兴吴文元已被自己牵着鼻子走了。

与此同时，在省城的唐泰活动频繁，他利用名士的便利条件，作为交往的工具在昆明的云南都指挥司、布政使用权司、按察使司中行走，到沐府官员中行走，结交官僚，互通声气，并把从这些官员中打探来的消息，迅速写信报与沙定洲。

在云南三司中，他交往了都司阮韵嘉、张国用、袁士宏等人，大家颇尊重和信任他。

其实，云南的官场上，在明朝时分别是沐府、三司、土官联合统治的局面。但这种形式在长期的过程中，渐渐产生了一些矛盾。沐家世袭世代在云南镇守，已经拥有了昆明周边大量的官田，城里拥有大量的商铺。可谓富可敌国。而其他官吏在云南做官，都或多或少被沐家束缚掣肘，又不得不听于沐府。因此，沐府的钱财让人眼红，沐府的专横让流官们怨恨。

云南土司和云南“三司”与沐府的关系更是纠缠不清，逐渐强大的土司们渐渐不听三司的调遣，有时还发展到对抗的地步。土司们对沐府虽比三司好一些，但也是阳奉阴违。

在大明统一的时期里，这些矛盾并不是非常的突出，但是随着大明朝的土崩瓦解，这些矛盾立刻变得尖锐起来。发展到后来，有的土司甚至已根本不听沐府的号令了。

谋划造反

一转眼，时间便到了1645年。灭亡后的大明残余势力经过短暂的弘光帝朱由崧时期。后来朱由崧被俘后，又经历了潞王朱常芳监国，朱常芳后向清廷投降，又改换为唐王朱聿键监国。朱聿键便是隆武皇帝。虽后来又跳出一个鲁王朱以海出任监国。政权更迭频繁，让人摸不着头脑。但在边远的云南，由于消息不通。大家尊崇的还是隆武皇帝。

这些明亡后的残余势力活跃的时期，史称为南明。其实，中原大部分地区已被清攻占，已经进入了顺治统治的时期。

作为世代为明朝统治的边地云南，经历了多次的移民屯垦，大部分汉人都从南京一带迁来，与大明有着千丝万缕的联系，人们的观念、习俗、言谈都是大明风格，骨子里就离不开明朝。更何况沐府为大明任命世代镇守，也离不开明朝。在南明监国屡屡更换，稍稍定下来后，以沐天波为首的前明统治者们决定还是遵从南明的统治，愿听南明皇帝的调遣。

这一年，被派到会川防守大西军的李大赞，在防地不好好驻守，却在当地不断地勒索群众，大肆搜刮民脂民膏。甚至把手伸入武定土司吾必奎的地盘里，企图趁势控制元谋，就势铲除吾必奎。早存了反心的吾必奎哪里能受得了李大赞的气。1645年的9月，吾必奎发动了叛乱，他的口号是："已无朱皇帝，安有沐国公。"

一时间，表面尚称平静的云南格局被打破了，战火在云南的土地上开始燃烧起来。叛军的攻势越来越猛烈，先后攻下了大姚、牟定、姚安，进逼楚雄城，如楚雄被攻破，那必将向昆明逼近。

一时间，全滇为之震动。

颇为紧张的沐天波与巡抚吴兆元等人会商后接受了吴兆元的建议，立即调集蒙自土司沙定洲、宁州土司禄永命、石屏土司龙在田、嶍峨土司王扬祖等，率部来围剿吾必奎。而吴兆元的建议，正是来自唐泰的主意。

接到调令的沙定洲，立刻整顿军马，率领四万大军浩浩荡荡从蒙自向昆明进发，并把这一消息通知了唐泰。

兵至半路，便接到了唐泰的回信。信上只有短短一句话："借故暂驻城郊，不要急于去战吾必奎，待我来会，另有打算。"

沙定洲因妹夫汤嘉宾的一味赞扬，又因为唐泰屡屡来信通报昆明的情况，早已深信不疑立即让队伍放慢脚步，磨磨蹭蹭不急于上前线。沐天波几次派人来催促，但沙定洲都以粮草未到等原因不急于进兵。前方各路土司的军队已和吾必奎的叛军开了战，沙定洲的军队才开到了昆明城东郊，然后扎下了营盘却不走了，令沐天波等人干瞪眼。除了催促以外，别无他法。好在前方战事颇为顺利，沐天波也不急着催沙定洲向南进军了。

这一天晚上，唐泰在汤嘉宾的带领之下，出城来到东郊沙定洲的驻地。

昆明东郊外，原来的农家田，刚刚收割完庄稼。这里的田野里已扎满了沙定洲兵丁的营寨，连绵数里，夜里的灯火相连，颇为壮观，令唐泰颇为赞叹。沙定洲目前真是兵多将广。

在沙定洲的中军营前，汤嘉宾便进去禀报，唐泰在外面等待。

不一会儿，中军帐中拥出一群人，为首的人生得颇为强壮，黑黑的皮肤，高高的个子，只是眼睛里却透出阴郁狡猾的眼神。他便是沙定洲。为表现出自己尊敬人才，他特意迎出了中军大帐。

寒暄已毕，大家便来到帐中分宾主落座。

“先生为何要我们拖延进军？”沙定洲开门见山问道。

“将军难道想当前锋吗？”唐泰反问道。

“我才不会像禄永命尔等，为沐府去卖命。”沙定洲说道。

“将军本来也不想去和吾必奎刀兵相见吗？”唐泰说完端起茶杯喝了一口。

“这个——”沙定洲停顿了一下，说：“先生不是外人，我也不隐瞒啦，吾必奎在起事之前曾经写信给我，约我一起举事，我也答应了他，现在他被全滇土司围攻，我当然不会乘人之危了。你不来信，我也会拖延进兵的。”

“那么将军下一步将怎么办呢？”唐泰问道。

“我正为下一步干啥在犹豫之中，所以特请先生来商议商议。”沙定洲又暗藏他的真实想法。

“我来此前，听到战报了，平叛战事节节胜利，已经收复了大姚、牟定两城，吾必奎看来是守不住了。”唐泰说道。

“果真如此！想不到吾必奎那么不堪一击。”沙定洲显出失望的神色。

“一点不假，这几天沐府已在请客祝贺平叛呢！”唐泰说。

“嘿，真是便宜了沐天波这小子。”沙定洲一拍大腿愤愤地说道。

“将军不必太过气恼，虽然吾必奎不行了，可目前有一个千载难逢的机遇摆在将军面前，不知将军能否把握？”唐泰说完后抬眼环顾四周的将领谋士，表示此为绝密之语，不能让更多的人知道。

汤嘉宾会意，向周围的人使了使眼色。一部分人会意地退出了营帐，并把帐门关紧，帐内只留有少部分沙定洲的心腹，当然还有沙定洲的妻子万氏，此女时时用眼色示意沙定洲，表达她的观点。一看就不是一个好对付的女人。

“先生说来听听，沙某会有什么机遇？”沙定洲已显得等不及了，脸上显得很憨厚的样子。

“现在，各处的土司兵，和城里的军队都去围剿吾必奎了。昆明城里的军队还不到两三千人，城里的防守非常空虚，我们何不乘此举戈直捣沐府，生擒沐天波，由将军来主理云南呢。”

沙定洲等人都睁大了眼睛，怔怔地看着唐泰，一个个露出兴奋的和贪婪的神色。“到那时，将军在昆明振臂一呼，全滇土司和三司的兵丁都会响应将军，我们再打出云南，诛灭闯贼和满军，恢复大明旧制，何乐而不为呢。”唐泰和盘说出自己的想法，这是他多年的心愿。

“先生果然是高人，我们就照先生的话办，我听说，沐府里金银财宝堆积如山，到时我老沙可要发财啦。”稍一沉思，沙定洲一拍大腿，哈哈大笑道。好像他关心的只是沐府的财宝而不是关心攻占昆明将会产生什么样的后果。

唐泰一听沙定洲的话，眉头微微一皱，但只要这些土司遵照自己的想法就行了，今后可以慢慢引导他们去光复大明王朝。土司终究是土司，就像一个长期饥饿的人突然就给他吃大鱼大肉，没有蔬菜的过渡，他是受不了的。

这一群各怀心事的人，为了起事的细节又连夜谈了很久，最后决定由唐泰作为内应，返回城中，择日动手。

这一夜，由于夜太深，昆明城门已经关闭，唐泰便留宿在沙定洲的营帐中。然而，高度的亢奋让他整夜都睡不着觉，他兴奋自己终于可以像晋代大书法家王羲之那样，真正地大干一番事业了。

大学士王锡衮

1645年的冬天，格外寒冷。

其时，在云南禄丰县，心里和冬天一样寒冷的是一个颇为著名的人物，他就是丧母而丁忧在家的礼部尚书兼东阁大学士王锡衮。

说起王锡衮，颇有些名气。他是楚雄禄丰县金山镇人，号昆华，又号仲山，念昔，别号素斋。天启二年中大明的进士，入翰林院为庶吉士，到了崇祯年的时候他的官职当到少詹事。1629年，清兵偷袭北京，攻下遵化，用反间计欲除去心头大患蓟辽督师袁崇焕。崇祯皇帝果然误信，把袁崇焕打入狱牢。王锡衮为此上疏为袁崇焕鸣冤，称“蓟辽督师，非得要由崇焕当任”。崇祯皇帝非常生气，治了他的罪，后来得以幸免。

在京为官，王锡衮有时情不自禁，在上朝时直言谏劝，这是他的性格使然。曾上疏请罢黜作恶多端的东厂。稍后，有龙虎山“真人”的张应京在京倡导邪说，迷惑了朝廷内外的很多人，张应京上疏加天地水三宫为大帝，请崇祯皇帝昭示国人一起尊奉。王锡衮痛批邪说，认为“三宫号不经”。

1643年，王锡衮的母亲去世，他得以恩准回乡守制。

他回家的第二年便发生了甲申国变，清兵入关，崇祯吊死煤山。作为一个在家守制的大臣，王锡衮只能眼睁睁看着现实，除了在禄丰的家里扼腕叹息，向北方遥祭崇祯外，他也身感无能为力。

世事虽乱成了一锅粥，但远在云南的王锡衮却颇受南明各个皇帝的重视。隆武皇帝聿键出来监国的时候，便不远千里，派人到禄丰下诏，拜王锡衮为礼部尚书、东阁大学士。并请王锡衮择日速到他的身边，辅佐他重夺大明江山。

作为明朝颇有声望的大臣，在家守制时国家遭此大难却不能为国分忧，自己已是悔恨难当了，而隆武帝却给自己如此高的礼遇，自己还有什么话说呢！唯有以死报国。

于是，王锡衮做出了一个大胆的决定，变卖自己家产。然后用卖家产得来的钱招募义兵，购买枪械，就在自家场地上操练。如今，兵丁已招募了三千余人，日夜在家操练。王锡衮要带领自己建立的这一支武装，出省去勤王，去打清朝，去辅佐新皇。

当他踌躇满志准备出发时，爆发了吾必奎的叛乱，这把他的计划又打乱了。战火已在楚雄境内燃烧，几乎烧到自己的家门边，他只得把自己招募来的三千兵派到县境上防守，防止乱兵侵扰禄丰。北上勤王的计划又只能暂缓。

面对隆武帝的急切期盼，而自己却迟迟不能动身。此时在禄丰家中的王锡衮，空有礼部尚书兼兵部右侍郎，总督云、贵、湖、川、广五省军务的头衔，除了手中的三千新招兵丁外，几乎是一个光杆的司令。如今，别说是总督其他省的军队，单说云南的军队自己也很难调动得了啊。土司各司其兵，三司更是阳奉阴违，“云南王”沐天波称霸一方，谁会听他的呢！

王锡衮一夜夜为北上勤王的事情不能眠，他天天思索到深夜，都没有一个解决的好方法，唯有长吁短叹。

到了十一月的月中，吾必奎的叛乱已渐渐被平息，叛军被杀的杀、降的降，被战火洗礼的楚雄大部分地区又恢复了往日的平静。

这时，王锡衮也才放下心来，出省去辅佐隆武皇帝的想法越来越强烈，还有就是要出兵勤王。当然，以他目前在家乡招募的三千新兵要出省去勤王，无疑是杯水车薪。

他想到了云南的最高统治者沐天波。如今吾必奎的叛乱已逐渐被平息，沐天波手里除了有大量官兵，还可以调动大量的土司兵马。以自己总管五省军务的头衔，或许能说服天波调上一万二万军队。便可很有实力地出省勤王了。

王锡衮为自己的这一想法感到兴奋，连日的阴霾被一扫而光，随之而来的就是谁去说服沐天波了！想来想去，还是只有自己亲自跑一趟昆明。此行昆明一来要说服沐天波，二来还可以探听一下各方面的消息。

于是他便吩咐家人准备马匹，要到省城办事，他只带了十多个随从，并带上自己的妻子和小妾随行，以便借得兵后，直接就到隆武皇帝身边，自己也要有人照顾。他把那三千兵丁留在了禄丰，只待省城事一办妥，便一起调集出发北上。

心中有事，当然要快马加鞭。

第二天下午，王锡衮一行便来到昆明，他住进云南贡院里。多年前，自己便是从这里得中举人，然后一路考中进士。对此王锡衮是非常有感情的，更何况，以自己目前的礼部尚书的头衔，下住云南贡院理所当然。尚未梳洗，他便急着派人把自己的手书投给沐天波，要求相见，并说有要事相商。下书人去得快也来得快，带来了沐天波的手书。沐天波语气颇为客气，请他次日到府上喝茶。

第二日，王锡衮早早起床，梳洗已毕，把礼部尚书的官服穿上，差云南贡院准备大轿，便朝沐府所在的五华山走去。

沐天波在府里的客厅里接待了他。既不在沐府的议事大殿，也不专门开一个府衙的接待会议。对这样一个隆武帝册封的大学士和掌管五省兵事的大员，显得非常的轻视和不屑。

王锡衮压下自己的诸多不快，强整仪容，和沐天波见了礼。两人分宾主坐下。

沐天波近日由于前方战事比较顺畅，捷报频传，心情颇为不错。对隆武帝的大臣也要亲切一些，想的是将来在皇帝身边，有一个能为自己说得上话的人且不更好，所以才破天荒地见一下王锡衮。

“老大人丁忧在家，今日专程到昆，所为何事？”一番客套之后，沐天波便问询道。

“国家有难，首都被占，先皇殉国，幸而当今隆武兴邦，不知黔国公有何打算？”王锡衮先要投石问路，问清沐天波的想法。

“我远居滇陲，国变后姓朱的都自称监国，一时把我搞得糊涂了，和巡抚吴兆元等商议，还是应尊隆武皇上。”

王锡衮当即站起一辑到地：“感谢国公，能审时度势，为我朝社稷着想，是我大明的万幸啊！”

“哪里，哪里，王大人不必多礼，今后还要仰仗大人在皇上面前多多美言。”沐天波忙顺势把自己的目的说了出来。云南有一个能在隆武皇帝说得上话的人，肯定要利用一下。

“那当然。请问国公，前方叛乱战事如何？”王锡衮话锋一转。

“哈哈哈！贼酋吾必奎自不量力，率从造反简直是螳臂当车。现在大部已被我军剿灭，贼首吾必奎已被诛杀，现在只有残余贼兵负隅顽抗。不日也将被剿。”说起前方战事，沐天波颇为得意和自豪。

“贺喜国公，能把土司叛乱平息，为国家保留一块平静的后方。”

“守土是我辈的职责所在，天波祖祖辈辈都为大明开疆拓土，小小土司造反，翻不起大浪来。”

“请问国公，平叛之后有何打算呢？”

“守好滇省，防止四川的张贼犯滇，能过几年太平日子就行了。”

“将军镇守一方，如今全国大部分被满人和闯贼攻占。隆武皇帝所处的福建已岌岌可危，正需像国公这样的英才，国公没有想到统一旅军队出省勤王？”

“这个——我倒是还没有这样想过。不过以我的力量，出省勤王怕是自不量力啊，最好还是守好自己的土地为妙吧。”

“那么，请国公借锡衮三万兵马，锡衮愿带兵前去勤王，如何？”

“这……王大人要借兵？”

“正是，朝廷多难皇上多次来信要我北上，锡衮夙夜不眠。只是手上无多兵马，虽已散尽家财招募了三千人马，奈人数太少，所以此次来恳请国公借我一支人马，我便即刻出省勤王。”

“刚刚平定了贼乱，将士人困马乏。借兵一事容我与巡抚商议一下吧。”沐天波终于知道王锡衮此来的目的。

“清军围攻势急，朝廷万分危急，请国公早做决定，锡衮也好火速出省。”

“好的，好的，请大人暂住贡院，容我计议一番，借兵大事非同小可。”

“国公身为我大明社稷之臣，难道不为我社稷之事着想吗？”王锡衮已经带有哀求的口吻了。

“王大人不要心急，容我再细细思量思量。”沐天波手里抬起了茶杯，“来人，送客！”

“国公……”想再说什么也无济于事了。王锡衮无奈地让起身，“我在贡院等待国公的消息。”

出了五华山沐府的大门，虽太阳已上了三竿，但王锡衮觉得还是有些寒冷。他只得回贡院去等消息了，他的希望已渐渐成了泡影，看来此次省城之行将是一事无成了。

赶走沐天波

昆明发生的这一场劫难，其实事先是没有一点征兆的。相反，在这个冬日的日子里，昆明城还显露出平叛后的喜庆气氛来。

事先，按照唐泰的策划，在昆明城外驻兵多日的沙定洲派人到沐府送信，信上说，既然吾必奎叛乱已定，他也该回蒙自领地，回兵之时，他们夫妇两人想到沐府当面辞行，望沐天波准许。

“请神容易送神难”，沐天波觉得沙定洲的到来真应了这句老话。调他来打吾必奎，他又是要粮又是要钱，磨磨蹭蹭行动迟缓，等他来到昆明战事已接近了尾声。还好，其余土司禄永命等人奋勇向前，多一个沙定洲，少一个沙定洲都无济于事了。可沙定洲到了昆明附近却不走了，他的士兵四处闹事，欺男霸女。沐天波已接到几次手下人来报沙定洲骄横跋扈。他都当作没有看见，睁一只眼闭一只眼，随他胡闹，可心里早就非常不快，又不好得命令他返回，担心叫他回去，他来个狮子大开口，只得暂且由他闹吧。

现在，沙定洲自己提出要返回蒙自领地，当然是最好不过的事，赶紧将其送走，免得再添乱。

沐天波当即决定于十二月初一日在府中为沙定洲夫妇践行，并还要大摆酒宴。叫府内人员着手操办。并同时邀请刚刚胜利归来的石屏土司龙在田、宁州土司禄永命等一起来赴宴。

这边沐天波在积极筹备饯行的酒宴，那边却再为如何把他送进鬼门关而调兵遣将。而昆明各处尚处于一片短暂的歌舞升平之中。

唐泰为沙定洲一切都布置妥当后，他又回到了城里联络了都司阮韵嘉、张国用、袁士宏等人，约好了举事的时间，并为内应做了安排。做完这些，才拖着疲倦的身体返回住处。当他走到云南贡院门前时，他突然一拍脑袋，百密一疏，他忘了一件非常重大的事啊！

王锡衮住在贡院！这个人是今后他们和朝廷中间的

一座桥梁，也是在当今朝廷唯一能说得上话的重臣。“踏破铁鞋无觅处，得来全不费功夫”，差一点忽略了他！到时，要重点关注一下他了。

这样想着，他快步离开了贡院。

十二月初一这一天，位于昆明五华山的黔国公沐天波府可谓热闹非凡，又显得有些庄重肃穆。

从门前到大殿，两边排满了穿戴整齐的士兵，手持的各色旗子，迎风飘扬。大小不等的鼓也分列布置。仪仗队的兵丁精神抖擞，每当有重要将领到来都会有人高声通报传递。然后鼓乐相奏迎接，各位将领都依次被领到自己的座位坐下。

沐天波身着华丽的国公官服，坐在他已略显奢华的大殿宝座中，等待着云南将领和土司头领的参见，显得志得意满。这是沐府近年来最高规格的礼仪了，专为沙定洲夫妇辞行而安排，可见沙定洲在沐天波心中的分量。

禄永命、龙在田等几名土司头领，已在宴上坐定，互相谈论着平叛的经历，谈着奇闻轶事，只等沙定洲的到来。

“沙定洲，沙将军夫妇驾到！”随着门官的高声唱喝，都往大殿外看去。

“请进，”沐天波面露喜色，说，“请他们进来。”

只见呼啦啦一帮人，约有四五十人，簇拥着中间的俩男女走来，气势逼人，那便是沙定洲和万氏夫妇俩。来到殿外，跟随沙定洲夫妇前来的兵丁各自分列在殿前，沙定洲夫妇略整了整服饰，才迈步跨进大殿。

走入殿中后，沙定洲夫妇便行礼参拜，高呼：“参见黔国公。”

“免礼！免礼！赐座。”沐天波也温言抚慰。因平时偶尔也请沙定洲来府中喝酒，也说得上话，沐天波就没有在意什么。相反，对表面忠厚的沙定洲还颇有好感。

“你夫妇二人今要回蒙自，此次平叛让你们劳师远征，本公准备了一些薄礼，可一起带回。”沐天波说道。

“谢国公赏赐，我夫妇二人感激不尽。”沙定洲夫妇双双拜谢，把腰弯得很低。

沐天波正要说一些安慰劝勉的话，可话出口前的一幕让他呆住了。

突然，沙定洲夫妇双双从腰间各拽了两把明晃晃的尖刀，一跃而起，嘴里喊叫着“不要放走了沐天波，不要放走了沐天波！”凶神恶煞地直奔他而来。两边武士稍一愣神之际，“啊、啊、啊——”早被沙定洲夫妇杀翻了几个。一时间大殿上乱作一团。喊杀声、惨叫声此起彼伏。

大殿外的沙兵也动起手来，斩杀沐府兵丁，并向空中放出了起事信号的烟火。一时间，沐府成了一个惨烈的战场。

沐天波在座上目睹了这一变故，由于变故来得太突然，他惊吓得有点目瞪口呆。眼看着自己的士兵一个个被沙定洲夫妇杀死，并高喊着“别放走了沐天波”向自己逼来。毕竟是行伍出身，他慌乱之际来不及多想，从座上跳将起来，飞快地转身从后殿逃去。

沙定洲哪里能放过沐天波，跟在后面死死追赶。其妻万氏率领着大殿上的沙兵见人就杀，转眼之间，沐府五百余口人全部被杀，尸首横七竖八，场面血腥。

其他的各位将领和土司头领，见事来得突然，也纷纷拽出兵刃，边打边退，各人都力求自保。禄永命和龙在田带着少数随从也边打边撤，和纷纷涌来的沙定洲兵丁在五华山上展开巷战。

沐天波由于突然而来的变故，让他有点发蒙，他根本来不及有所反抗，又因沙定洲在后面追得急，慌得连母亲妻子都顾不了，带着几个心腹卫士，带着官印、世袭铁券等物，直接从后院翻墙而走，出了五华山，向西边逃窜而去。

在外围得到信号的唐泰等人，立即动起手来。

早已布置在四城门的沙兵立即斩杀守门丁，控制了四道城门。

一队人马直奔贡院捉拿王锡衮，另一队人马由唐泰带着直扑五华山和沙定洲会合。一路上，见人就杀，一些老百姓跑得慢的也遭无辜诛杀。

一时间，场面一片混乱，到处是沙兵在追杀沐府明兵，加上有明兵的反抗，便东一堆西一堆厮杀。呐喊声、惨叫声、兵器撞击声、跑步声交织在一起。老百姓吓得关门闭户，躲在门背后瑟瑟发抖，屏住声音从门缝中偷看着外面发生的这一切，大家都糊里糊涂，一时不知怎么回事，一个个惊恐万状。

王锡衮正在云南贡院里等待沐天波借兵的消息。他已等了四五天了，而沐天波却迟迟不给答复，让他心急如焚，又苦于没有更好的办法。

一天到晚他待在贡院中，除了看书，就是能到贡院里的风节亭去坐一坐。这是一个六角的小亭子，离他住处不远，思考问题等，都可以去坐一坐，是一个颇为清静的地方。

十二月初一的中午，他为打发无聊的心情便随手拿了一本书来看。可眼里看着书，心里却想着借兵的事，又想着早已风雨飘摇的大明朝廷，心情烦躁，根本没有看书的心情。

突然，他听见贡院外人喊马嘶，非常嘈杂。起初他以为是一般的民间小纠纷，也不放在心上。

"老爷、老爷……"家人王用匆匆跑了进来，上气不接下气地说："不好了……不好了……外面发生叛乱了。"

"叛乱？谁叛乱了？你说明白一点。"王锡衮终究是经过大风浪的人，遇事不慌张。

"沙定洲拥兵叛乱，已率兵攻进了黔国公的府里，黔国公沐天波生死未卜啊，老爷。"王用终于说清楚了。

"啊，果真有此事。"王锡衮也被吓了一跳，这是他做梦都没有想到会发生的事。

“是，老爷，现在乱兵在城里到处杀人放火，特别喊着明朝官员一个不留，老爷快走吧，晚了就来不及啦。”

“这个……”这么大的事让王锡衮也一时没了主意。

这时他带来的十几个随从手持刀枪冲了进来，不由分说，拉起王锡衮就走。他们把王锡衮扶上马，一路保护着乘乱冲出西城门，向安宁方向跑去。

大家刚在马上喘了一口气，突然从后面追来一队人马，是沙定洲的兵丁追来了，嘴里喊着“别放走了王锡衮，别放走了王锡衮。”

大家都想不到为何叛军来得这么快。这时，大家才知道，这路贼兵是专门来追拿王锡衮的，大家忙拼命打马往前逃跑。

怎奈沙兵的马快，未跑出几里路，便被追兵赶上。十几名随从和沙兵厮杀，未经过几招便被打得七零八落，王锡衮也在慌乱之中被沙兵勒住马缰绳，当场被擒。

王锡衮哪里受过这种俘虏的待遇，当即破口大骂叛军，只求一死，但无济于事。人家控制着他一直回了城，依旧把他押回云南贡院，也没有用绳子绑住他，只是在贡院门周围都派重兵把守，戒备森严。王的妻子和小妾也被抓获关押。

王锡衮看着自己刚刚才逃出贡院，又被掳回贡院，却也不知叛军不杀他，却关了他到底是为了什么，他百思不得其解。

他只能被困在贡院里干着急没办法，唯有长吁短叹。

唐泰率领的一部分沙兵一路断杀，冲到五华山上时，这里的战斗已接近尾声了。

沐府的兵将死的死，伤的伤，投降的投降。遍地丢下了刀枪、尸体，旗鼓，当然还有大摊的血迹，沙定洲夫人正带领着兵丁打扫战场。

明朝都司阮韵嘉、张国用、袁士宏等人，也带着自己的兵丁冲进沐府来，在他们的带领之下，沐府里的两百多年的府藏如佛顶石、青箭头、丹砂、落红、琥珀、马蹄赤金等等，悉被搬了出来，装车运走。

忙了半日，大家才发现沙定洲不见了，只知他一个人舞刀追赶沐天波后到后堂后，就不见回来。夫人万氏怕出意外，忙派人四处寻找。正找着，就听见沙定洲哈哈大笑的声音从后堂传来。大家一看，只见沙定洲身着沐天波的黔国公的朝服走了出来。他头戴八梁国公帽，白纱中单，青色领缘，赤罗裳，青缘，齿绶，白袜，黑履，得意扬扬地说："你们看看我像不像黔国公。"

原来沙定洲追杀沐天波，被其逃脱后，就冲入后堂，到处乱翻，翻到了沐天波的国公服便穿在身上，出来显摆显摆。

沙定洲径直走到大殿上，大马金刀地坐到了沐天波的座位之上，两边的将领纷纷前来参见，但大家却一时不知喊什么为好，"皇上""国公""大将军"一阵乱喊。一时间在大殿上闹得个嘻嘻哈哈，乌烟瘴气。

沙定洲说："大家不要乱喊啦，大家今后就叫我总府吧，叫夫人就叫主母吧。""总府"是明朝黔国公世爵的一般称呼。

于是各路将领又重新来参拜，一起高呼"总府""主母"。沙定洲夫妇在上面过足了国公的瘾，好不惬意。

这时，各路人马都来报告举事的消息。说沐天波已逃出城外，和龙在田、禄永命会合后，向西逃窜了。沐天波的母亲陈太夫人和妻子焦氏也跑了。另一路来报，当朝大学士王锡衮已被擒到，看押在贡院，云南知府吴兆元也被擒获。城中局势也大部分被控制。

"很好，太好了。"沙定洲在堂上激动万分。因为他的叛乱已经取得了成功。

"沐天波此人留他一天就没我的好果子吃，即刻派兵追赶，不得有误。至于王锡衮和吴兆元，还请唐泰先生去劝他们一劝，叫他们上书给当今的皇上。就说是沐天波造反，是我沙定洲平的乱，应该由我来代替他镇守云南。"沙定洲马上行起总府的令来。

书生杀人

唐泰一时间在昆明成了一个最繁忙的人。

沙定洲初占省城，就感觉有点不知所措了，力不从心。他只会整天忙着把沐府的金银财宝大车小车，往他的老巢蒙自佴革龙搬运。而把如何经营偌大省城的重任全部交给了唐泰等人。

唐泰于是每天从早到晚都要到五华山的“总府”内，辅佐沙定洲发部各种命令，办理各种琐事，实际上就是唐泰在行驶着“总府”的职权。

他迅速派兵去楚雄追赶沐天波，他认为一日不除沐天波，云南一日就不得安宁。

此时的沐天波犹如丧家之犬，在龙在田和禄永命的保护下一路西逃，狂奔几百里，跑到楚雄城，被镇守楚雄的金沧兵备道杨畏知接入城中，才长出了一口气。可第二日，沙定洲的追兵前锋已抵达城外。惊魂未定的沐天波，起身就要继续逃跑。杨畏知起身来安慰道：“国公放心，杨某不才，料可抵挡贼兵的进攻。”

杨畏知于是命令士兵四门紧闭，坚守不出，和沙定洲的兵对峙。双方交战数次，各有胜负。沙定洲便命令士兵围住楚雄，叫嚣不拿下楚雄决不回头。

沐天波这时候才想起寻找自己的母亲和妻子女儿。可一打探来的消息让他大惊失色，放声痛哭。

原来，沐天波的母亲陈太夫人和妻子焦氏被兵民拥着逃到城外，在乱兵之中走散。陈太夫人跑到城北的朝阳庵躲藏。焦氏到处找太夫人不见，就急忙拉着七岁的小女儿和一随从跑到城北大普吉村的金井庵避难。朝阳庵和金井庵相距只有两里左右，却都不知道信息。到晚上，有消息传来，沐天波往西逃去了，一些士民便要保护着焦夫人前去追赶，焦夫人说道："我是朝廷的命妇，不容侮辱，如果中途遇到贼兵怎么办？不如早死，使我丈夫没有拖累，得以一心讨贼，我死且超过生啦。" 焦夫人命令随从在庵里堆一些柴草，并把庵门堵死，自己用佛灯点燃柴草自焚。七岁的小女儿见到火焰熊熊烧起，害怕大哭着要逃避，焦夫人牢牢地抱住她，母女同死在一起。当晚，陈太夫人也在朝阳庵里自焚身亡。

唐泰经过几次劝谏，终于说服沙定洲派了一千多名兵丁去守卫曲靖一带，防止大西军的进攻。大西军要进云南的传闻已越来越盛，不得不防。可沙定洲的重兵都在楚雄，捉拿沐天波，派出这一千兵丁已是极为不容易了。

派人去胁迫被擒的云南巡抚吴兆元，和被软禁的王锡衮向隆武朝廷上书，说是沐天波造反，沙定洲把他讨伐镇压的，请发诏书允许沙定洲来镇守云南。

吴兆元的奏疏倒是很容易地就写了来。可是王锡衮却软硬不吃，坚决不写。没有办法，唐泰只得自己模仿王锡衮的手迹，写了一个奏章，用了王的大印。然后把两份奏疏一起送往隆武朝廷。

远在福建的隆武朝廷，已经在清兵的进攻之下疲于应付，对于云南发生的变故一时也搞不清到底是沐天波叛乱还是沙定洲叛乱。后来搞清楚是沙定洲反叛时，隆武朝廷也鞭长莫及。

城市里充满沐府的旧人以及明朝的散兵游勇。表面上服从沙定洲的统治，内心中却对沙定洲充满了愤恨。时时想着把沙定洲赶走。城里经常发生一些小规模的暴乱。为此，唐泰决不容情，对明朝被俘获的官员、乡绅和沐府的余党采取了高压政策，稍有犯事的人便拖出去斩杀。

此举立马见了成效，昆明一下子便平静了许多。老百姓也吓得不敢乱骂沙兵是叛党。可带来的后果却是省城虽平静了，云南其他地方却纷纷举旗反对沙定洲。这倒是唐泰没有想到的。

昆明进入了沙定洲统治的这一段时间后，几乎成了一个独立的小王国。一切事务由沙定洲定夺，一切号令由沙定洲发布。对统治下的士兵有着生杀大权。这种权欲得到极大的满足，会让人走向另一个极端，沙定洲便是这样的人。叛乱尝到甜头的他已经不时地流露出想做云南王的想法。

唐泰渐渐清醒过来。他是大明的臣民，他来昆明这几年，反其道行，跟随沙定洲起兵，为的不是拥有一旅之兵，而是在这个动荡的年代，要为恢复大明江山而努力！

按照他的最初设想，起兵成功后，即统率一支军队出省勤王的。可这次起兵成功后，唐泰曾几次向沙定洲提议，遵从隆武朝的号令，甚至请人上书隆武朝以沙定洲代替沐天波的意思，就是用沙定洲的猛进代替沐天波的庸沓，能率兵有所作为。

可是，当唐泰帮助沙定洲成功占领了省城之后，一切都在变化之中，这些变化令唐泰始料不及。

除了派兵继续追剿躲在楚雄的沐天波和唐泰的想法一样外，沙定洲在昆明的行事渐渐地让唐泰都受不了。

除了增兵楚雄攻击杨畏知外，沙定洲不断攻击其他的土司地盘，包括派兵进攻宁州（今玉溪华宁）的土司禄永命的地盘，进攻石屏土司龙在田的地盘，攻击嶍峨土司王杨祖的地盘。因为这些土司都效命沐天波，与他作对。一时间，云南各地笼罩在纷乱的战火之下。沙定洲想把反对他的人一一扫灭，这样反而激起各个土司的反沙浪潮。

1645 年的最后一个月里，云南处于一个非常混乱的局面。以至于后面的史学界对这一段历史争论不休。

身处其中的唐泰每天忙于应付这样那样的事，忙得难以分身，穷于应付着沙定洲的事情。他成了沙定洲这辆大车的一个轮子，只能身不由己地随着转动。

经过几个月的征战，到了 1646 年初，各地的土司都纷纷放弃抵抗，归附了沙定洲。唐泰及时地向沙氏建议，下令凡是愿意接受沙定洲指挥的各府县汉族流官一律留任。这一招果然不同凡响。汉族流官也纷纷上书表示服从沙氏调遣。

这一下，不仅解决了土司的问题，连大家感到棘手的汉族流官的问题也得到了解决。云南各地渐渐安定，除了楚雄的杨畏知和暂时安身在保山准备做进一步抵抗的沐天波外，大部地区渐趋平静。

沙定洲要做“云南王”的美梦一步步即将实现。而沙定洲做云南王的野心渐渐显露出来。他已经安排人在为他制作王袍、王冠等物，还专门着人排练做王的一切礼仪，请人选择黄道吉日。

对于这一切，唐泰无力阻止。他认为，目前，隆武朝廷已经承认了沙氏的总府地位，已经是非常不容易了。而沙定洲欲不经朝廷批准却要自立为“云南王”，这岂不是大逆不道之事。而沙定洲的一意孤行，必然会引来云南新一轮的动乱。这些，唐泰为此数次劝谏沙定洲，但他根本就听不进去，仍旧在积极筹备着他的“云南王”登基大典。

这一天，办完公事，唐泰从五华山上下来后，顺路来到了云南贡院。他想见一见囚禁在这里的王锡衮。

对于王锡衮，唐泰从心底里是仰慕的，从王在朝廷的声望和名气，从王在沙定洲面前表现出来的傲气与不屈服。唐泰从心里把王和自己的亲家傅宗龙作为一类人。在这云南不稳、天下动乱之际，唐泰对于今后的路也显得有些迷惘，他需要有一个人能为他指点一下迷津。

因此，见到王锡衮并和他面对面地交流一下，成了目前唐泰最迫切希望的事情。

五华山到贡院路不远，走过翠湖即到。贡院门前，沙兵把守戒备森严。

“王锡衮这几天的情况怎么样，还不错吧？”唐泰问道。

“前几天吵吵闹闹，说要出去。这两天静了一些。”

一守门小头目回答。

“你在前面带路，我要去见一见他。”

“是，唐先生请。”

在这个小头目的带领下，唐泰一路走过几道岗哨，径直来到囚禁王锡衮的屋子。

小头目先进屋中通报王锡衮，说是沙定洲的谋士唐泰唐先生要见一见他。

“什么沙定洲，什么唐谋士，完全是群杀人越货的叛贼，我不见，我不见，我死也不见……”唐泰在外面就听得王锡衮在屋里高声咒骂。

“一群扰乱社稷的贼，我堂堂当朝大学士，被尔等囚于此，你们残杀我大明臣民，乱我大明江山，完全是一群魔鬼，完全是一群野兽，青天白日，魑魅公行。我不与野兽谈话，谈之不如去死啊……”

王锡衮越骂越来劲，以至小头目大声呵斥，甚至动了手才止住了王锡衮的叫骂。小头目忙跑出来对唐泰尴尬地说：“对、对不起唐先生，他这几日有些疯癫了，乱说些疯言疯语，你不要把他的话放在心上……”

此时的唐泰哪里还听得进小头目的话，他的脸上早就红一阵白一阵。王锡衮的羞辱就像海浪一浪高过一浪向他袭来，就像一顿鞭子，一鞭猛似一鞭把他抽得体无完肤。他感到又急又羞又怒。想不到自己辅助沙氏干得轰轰烈烈的事业被指为叛乱；想不到自己景仰的大臣却对自己如此看法；想不到自己的一腔热情要和其交谈却引来一番羞辱，真是自讨苦吃，王锡衮真是太不识时务了。

唐泰转身往外就走，他的心中已闪出了要杀王锡衮的心思。就是你这些蠢材成了朝廷大臣，才使明朝被毁，留下你还有何用呢？自已和沙氏在云南照样可以去辅佐隆武皇帝！

“唐先生，唐先生请留步。”那个小头目一路追到贡院门口。为了弥补唐泰被骂的过失，邀功似的说道：“我们前几日已把王锡衮的妻子和小妾都杀了。”还从怀里掏出一张纸送到唐泰眼前。“这是从王锡衮那儿搜来的。”小头目讨好地说。

唐泰便停下脚步，展开了这张纸，原来是王锡衮才写的《风节亭恭纪》：

> 臣锡衮兀坐院署风节亭中，将近四月，一筹莫展，万千苦恼，日日逼来。而念头常定，谨盥手焚香，昭告于皇天后土之前曰：
>
> 锡衮，遐方贱子，辱我烈皇帝拨擢隆恩，始终礼遇。甲申三月之役，恨不获相从地下，只以母氏慈魄，扶归未宁，与先臣通议公捐馆二十余年，赠典屡膺，封署尚阙，山头宿草，一望魂销。今夏初结土石，私计可以随时毕初志矣。适今新皇龙飞海甸，辟网旁招，畀臣以号恢剿等事。曾不逾日，再晋阁衔，且于滇在事诸臣敕中，谆谆及衮。凛兹大义，胡敢苟安？勉强应

命，实欲以报新皇帝者报我烈皇帝。

遭逅多艰，为贼臣伙计困厄会城，进退维谷，日与诸魔鬼作邻，甚至煌煌颛敕，为中贵臣万里恭捧而来者，亦抗阻不容出接，悖逆如此，是尚知有朝廷也哉？封疆重吏，不惟不能匡正，而反摇尾听之，滇事真不可为矣。

臣衮血性具存，义愤常结，惟有捐躯如赴，俟时而行，即闺中诸弱息者流，亦饶有须眉气，如腊月四日之事，大概可想见，臣复何言！惟是前此中间如委曲出疏，皆一般宵小播弄成篇，属草改窜推敲，虽字句无所不用其极，更有一没天日文字，不识构者是何肺肠，以抚军恐被人揭破而止。犬豕不食其馀，是岂臣衮所忍见！有主使者，有佐助者，其人可历而指也，近又迫挟出咨参杨道矣。青天白日之下，魑魅公行 ，眼见新皇属望盛心，万不能副，恭读御旨云："联有堂堂不怕死之身，有是君定有是臣。"臣愿身任之，以对杨我烈皇帝。时隆武二年十二月十日，臣锡稽首谨恭纪。

唐泰继续往下看，下面是一首诗：

兀坐风节亭，万古日月至。焚香告皇天，堕我烈皇泪。新君飞海甸，畀臣恢剿事。世衮血性存，封疆惭大吏。闺中弱息流，饶有顺眉志。臣衮复何言？安能死魑魅。

当唐泰看完王锡衮的诗和文后，王的气魄王的胸襟感染了他。他的心情变得非常复杂，非常矛盾，手拿信笺，是杀王锡衮还是不杀？一时间他不知如何是好。

抬起头来，他看到冬日的一抹斜阳在远处的西山渐渐沉落……

大西军进云南

1647年当沙定洲的美梦正酣时，一个消息传来，不亚于一个晴天霹雳，把沙定洲的“云南王”的美梦去得粉碎。

大西军真的进攻云南了！

这一年，正当张献忠的大西军在四川搞得有声有色的时候，张献忠在西充县不幸遇难。一时间，大西军的指挥权便落在了其义子孙可望、李定国、刘文秀、艾能奇手中。

以孙可望为首的大西军余部边打边退，一直渡过了长江天险，进入到贵州。此时的大西军已纠正了张献忠在四川滥杀无辜的行为。孙可望下令：“自今非接斗，不得杀人。”由于所用政策合适，大西军在贵州一路进展顺利，他们进入遵义，占领省会贵阳。

大西军占领贵阳后，本来大家可以休整一段时间，甚至可以以贵州作为今后大西军的根据地。可是，一封来自云南土司龙在田的书信，使大西军改变了进军的步伐。

原来，在云南和沐天波在一起的土司龙在田和沐天波被围楚雄。正在应付沙定洲的沐天波正苦于没有办法的时候，龙在田兴冲冲地来找他，说太好了，孙可望的大西军已进入贵州了，沙定洲将灭亡了。沐天波对此颇为不屑，一些反贼进到贵州，与云南的事有什么相干。龙在田慌忙解释，早在1638年至1639年期间，张献忠由于战败，受抚于湖北谷城。当时，龙在田作为云南石屏的土司将领，被朝廷调遣到湖广任总兵。这样龙在田和张献忠便有了接触的机会。而且，双方交往甚密，张献忠曾经拜龙在田为义父，龙在田也给了张献忠许多马匹等物。龙在田和孙可望、李定国、刘文秀、艾能奇等人更是混得很熟，都成了老相识了。龙在田为张献忠等人曾经谈到过云南的风土人情，当时龙在田根本没有想到，大西军会向南来。如果孙可望等得知沙定洲乱滇，把龙在田和沐天波打跑，看在和龙在田交情的面子上，肯定不会袖手旁观的。何况，贫瘠的贵州肯定不如四季如春的昆明坝子好在啊！

龙在田的一番话，让走投无路的沐天波看到了希望的曙光。可是对方是贼军，自已是大明朝的国公，水火怎能相融呢？

龙在田看出了沐天波的忧虑。便道："此事虽是请贼入滇 ，非上策，但要制住沙贼，非大西军不可啊。孙可望等看在卑职的面子上，也不会让沐公难做吧。望国公三思。”

事已至此，沐天波左思右想，也没有更好的办法，便允准了龙在田的提议。着他速派人去和贵州的孙可望等联络。

孙可望接到了龙在田的书信后，立即和其余三位将军商议，当即决定挥师云南，进攻沙定洲。

为了使进入云南的步伐顺畅，孙可望事先派人到云南散布说，将进攻云南的军队是沐天波妻子焦氏夫人弟弟带领的，此次就是要来为被沙定洲逼死的焦夫人报仇的。云南的民众果然相信了这一说法，大家当然支持为沐天波报仇，所以沿路都纷纷向孙可望的军队投降。

1647 年三月二十五日，孙可望的军队一举占领平彝（今富源县），大举进入云南境内。一路打来，向曲靖城突然袭击，沙定洲设在曲靖的一千名守军全部被杀，大西军所到之处，无人能敌。

曲靖失陷的消息第一时间传到昆明。唐泰听说后，慌忙赶到五华山和沙定洲商议。

此时的沙定洲已来不及忙着当“云南王”的礼仪，早就升堂和诸位将领商议对策。因军情紧急，大殿上的气氛非常紧张，众位将领在下面叽叽喳喳议论不停。

“咳，咳——”沙定洲清了清嗓子，匆匆说道：“焦氏兄弟的兵马已攻占了曲靖，离我们只有四百里的路程了，听说来了将近七八万人，非常会打仗，我的前军突遭攻击，一个人都不剩。大家有什么想法,都说一说,看如何退敌?”

大殿上一下子便鸦雀无声，由刚刚的一片嘈杂瞬间变得掉一根针都听得到。

“怎么都不讲了？刚才大家不是都在讲吗？现在关键是如何退敌？有没有退敌之策啊？”

“请总府迅速调集进攻楚雄的军队，前往曲靖前线迎敌。”唐泰走上前来说道，“正面挡住敌兵，就止住了敌兵的步伐，再以地利击破敌军。”

“唐先生所言极是，其他还有什么要说的？”沙定洲问道。

“敌兵南来，必定威胁到阿迷州和临安府总府的后方，望总府增兵守卫。”沙定洲的妹夫汤嘉宾提出了建议。

“哦，那就兵分两路，主力军队到曲靖正面迎敌，另一路增兵一千人到阿迷蛇花口协助当地守军共同拒敌。妹夫你就带一些人员回临安守卫，应该问题不大了。就这样吧，呵呵——”沙定洲显得非常劳累，长长地打了一个哈欠，就宣布休会退堂。

沙定洲从楚雄等地调集了大量的兵力前往曲靖迎敌，可谓倾其精锐，严阵以待。然而，令大家始料不及的是，从昆明派到曲靖迎敌的兵竟然一路都未遇到一个敌兵。一直到了曲靖县城，除了一座满目疮痍的残败之城外，哪里去找敌兵。问了当地人，说是有一些军队占领曲靖县城后，即刻就开拔走了。

沙兵将领吓了一跳，以为敌军抄小路袭击昆明了，忙率军返昆明来护卫。可一直退到昆明城，仍未发现对手的一兵一卒。

那么，焦夫人弟弟的军队到底去了哪里了呢？唐泰都一时猜不到敌兵的用意，沙定洲更是急得暴跳如雷，但也无可奈何，只得派出探子四处打探敌兵的下落。

这一天，探马终于打探到了消息，同时也带来了一个吃败仗的消息。增援蛇花口的一千援军和守军遭到进攻，寡不敌众，蛇花口的守军已被敌军击溃，敌军直接打到了阿迷州，当地兵士被斩杀了很多，敌军还拆毁了阿迷州的城墙才退去……

这一个消息的来到，令沙定洲再也坐不住了。他的老家佴革龙，他的坚固的后方，现在全部暴露在战争的第一线！

此刻，沙定洲真的相信敌军是焦氏夫人的弟弟来为其报仇的。因为从对方熟知地理、目的直指自己的后方的情况下，从容不迫地连连取胜。对方绝对不是等闲的一些山野草寇。

沙定洲此时已经是方寸大乱。如果老家佴革龙被攻下，自己苦心经营多年的大后方便拱手让给他人了！自己的族亲无人保卫，自己从沐府拉回的金银财宝且不是被敌对人轻易拥有？自己的家产也将毁于一旦，自己就永远失去根基。

不！不行的，这是沙定洲坚决不想看到的一幕。他在慌乱之中，早已下了决心，决定放弃省城昆明，迅速撤退回老家佴革龙自保，这才是上策。这一次他没有端总府的架子了，也不和众谋士将商量。只是和妻子万氏和几个老家的心腹将领招呼一声，便匆匆收拾金银细软，准备撤回佴革龙。

唐泰得知沙定洲要放弃昆明时，人家已经基本收拾停当了。各营军队大包小包、大车小车正打点行装，准备开拔。有的沙兵还趁此机会在城内抢劫一番，城里又是兵荒马乱的景象。

唐泰忙从住处赶到五华山“总府”府，直接去见沙定洲。

“听说总府要弃守昆明，撤回老家？”唐泰一见沙定洲，礼都来不及行就直接问道。

“哦，是唐先生，敌兵进逼我的老家佴革龙，我要去救援啊。”沙定洲被唐泰质问得有些不快。

“要去救援佴革龙，也不须总府亲自前往啊，总府要坐镇昆明会城才是啊。佴革龙的事，可派一支人马救援即可啊。”

“我不去救援，谁都救不了的。必须我去呀！”

“那么总府派谁守卫昆明呢？”

“这个，大家随我出来，征战几年，都想回去看一看。昆明就由巡抚吴兆元他们招呼一下吧。”

“不行呀，总府！敌军目前是在用声东击西的诡计，他们诱你去救佴革龙，真正的目的是想占昆明！你要留一支军队守卫昆明啊！”

“我管不了那许多了。眼下只有先救佴革龙，其他的都不重要了。”

“总府，请你不要放弃昆明会城，昆明不能丢啊！哪怕只留给我一万人，我来守卫昆明哟。”情急之下，唐泰主动请缨，他要自己守昆明。

“唐先生，敌兵强大，我已抽调不出多余的兵来给你守卫昆明。反正昆明我是不要了，你也不要留在这里啦，和我一起回佴革龙吧，你仍做我的谋主，帮我拿拿主意吧！”

“总府，你怎么……”唐泰一时语塞，胸口憋闷得一阵刺痛，一句话也说不出来，转身便走出去。

他此刻的心情难过到了极点。想着自己兢兢业业地辅佐沙定洲赶跑沐天波，平定云南各地，即将大功告成之时，想不到焦氏弟弟的报仇队伍却横插一杠。这些都无所谓，兵来将挡，水来土掩，只要大家齐心协力，满可以对抗什么焦氏兄弟武装。可就在这紧要的关头，几次败仗就让沙定洲吓破了胆，吓得找不到北。特别是当自己的家稍微受到威胁时，便不惜放弃这么举足轻重的昆明，全部要龟缩回佴革龙！

唐泰此刻失望到了极点。自己还指望着他统一云南，挥师北上勤王；自己还想依托着他，奢望能干出一番事业；自己还指望着他能有所作为，能发挥出自己的才能！真是棋错一步，满盘皆输。

唐泰想着自己自1640年开始，到省城一住就是七年的时间，为的是找机会干出一番大事业，为的是为朝廷分忧。可辗转多年，自己以为找对了人，找对了路。却不承想，自己走上了一条歧路！

唐泰痛苦自责，他又对下一步自己该如何走没有了主张。

沙定洲出逃

四月十八日，沙定洲集合了驻守于各地的军队，开始分批撤离昆明，向他的老家佴革龙开拔。这一天，昆明城的牛车马车都被沙兵征用，用来拉各种物资。从各地抢来的，从昆明搜夺的一切东西，都被沙兵统统运走。沙定洲就是要把昆明的东西都搬回他的老家。哪里像是军队的转移，就是一群搬运东西的草寇。

沙定洲的一些兵丁趁火打劫，抢劫百姓财物，闹得整个昆明城人喊马嘶，不得安宁。

沙定洲全部准备停当，刚刚跳上马，忽然想到了一个人，让他不得不勒住马缰绳，立即招手把明朝投靠自己的张国用、杜其飞叫到马前，耳语了一番。沙定洲这才安心打马出城而去。

一时间，昆明减少了沙兵的统治，大家还显得放松了许多。被软禁的云南知府吴兆元也被放了出来，重新主持昆明的工作。

四月十九日的黎明，张国用、杜其飞率领一队兵丁恶狠狠地向云南贡院杀来，迅速把已经没有兵丁看守的贡院包围起来。

张国用、杜其飞破门而入，冲入王锡衮居住的后院。只见屋中点着蜡烛，王锡衮穿着整齐的衣服，在屋中正襟危坐。

原来在头一天已经知道沙定洲将弃城而走后，有一个同情王锡衮的人就悄悄进入贡院，对王锡衮说："沙贼将要走了，他们走的时候恐怕要对你下手了，请你还是趁机逃走吧。"王锡衮说："走了一头狼却来了一只虎，沙定洲和大西军，都会要我死的，我为何要躲避他们呢？"他不仅执意不走，还做了赴死的准备。因此，当张国用、杜其飞闯入内院时，他早就着好明朝的官服，在屋里等待赴死。

张国用看着穿戴整齐正襟危坐的王锡衮，先是一愣，随即哼哼冷笑几声说："王大人，沙总府随时都惦记着你，临时回老家都不忘了你，请你跟我们同去蒙自吧。"

"你们都是叛贼，我就在这里，哪里也不去。"王锡衮破口大骂。

"那么大人是想长眠于贡院吗？"张国用接过话来，手按在刀把上发狠地说道。

"你们要杀我吗？我本是堂堂的朝廷委派的大臣，你们两个都是跟随沙贼之臣，有何面目来见我。"王锡衮即大声叫道：“老天啊！你真的要让我大明的社稷灭亡吗，我死不足以可惜，那中原的事情该如何来办呢，是该永远沉沦下去了吗？”

张国用、杜其飞见王锡衮辱骂个不停声，知无法劝转其一起走，当即拔刀上前一阵乱砍，把王锡衮杀死在堂上。

王锡衮始终大骂直到气绝，云南一代名臣未能为南明小朝廷尽忠，却惨死在造反之徒沙定洲之手！

当沙定洲刚走的第二天，昆明就乱了起来。群龙无首，昆明城里又经历了一场腥风血雨的洗礼。

部分市民纷纷把对沙定洲的怒气全都撒在曾经投靠沙定洲的人身上，一些被沙定洲赶走的沐天波的兵丁也加入其中。只要见到和沙定洲有点联系的人，指认为沙定洲的同党，就立即处死。杀戮展开了，一些曾追随过沙定洲的人被纷纷处死。其中，曾投降沙定洲的阮韵嘉，张国用、袁士宏等人被抓到后，都被就地活埋了。

留在昆明的唐泰也成了复仇的人重点寻找的对象。

头两天唐泰为躲避追杀，都躲在外甥朱昂家后面的一间小屋中，吃住都在里面，从未敢露面。外面的消息都是朱昂悄悄地回来告诉他的。

才过去了两天，城里面就越来越乱，一些人趁乱打劫、放火、杀人。一时间，城里的治安混乱到了令人毛骨悚然的地步。

朱昂家也不安全了。一些寻仇的人找上朱昂家，问讯唐泰在不在，去哪里了，并放下了狠话，如私藏唐泰的话，将对朱家不利云云。来了两起人都手拿刀枪，气势汹汹，也把朱家人吓得颤颤抖抖。

唐泰看到这种情况，便把外甥朱昂叫来说道："我不能待在你家了，你帮我准备一些干粮，天一黑我就要离开昆明。"

"舅舅，你就在我家，哪儿也别去了，这里有吃有住，任何人都侵扰不了你的。"朱昂说道。

"不行的，在这里一天便会连累到你们家的，你照我的话去办吧。"唐泰边说边理起行装，并找出了陈佐才送给他的剑挂在身上。

朱昂拗不过舅舅，只得出去安排吃的东西，为舅舅逃跑做准备。

黄昏时分，唐泰从朱昂家偷偷潜出，径直向小西门走去。他低着头，连自己住处也没有去了，他知道，那里肯定被人端了，而且肯定会有人在那里蹲守，等着他自投罗网。

此时的省城街道上，行人非常少。正是无人管理的真空期，此时可能连城门都无人看守吧。

他刚到了小西门附近，已看到城门果然洞开，并无人看守。唐泰心里暗自窃喜，只要出了城门，他就可以远走高飞了。

就在这时，从街边一条巷道内转出来一群人，大约有二三十人，个个手持刀枪，一路吵吵嚷嚷地朝他走来。从服饰上看得出，这些人是沐府的兵丁。沙兵撤走后，这些人趁城中无主，就从城外返回来耀武扬威，打着为沐家报仇的旗号，杀贼为民，在城里耀武扬威，惹是生非、乱杀无辜。

躲是无法躲了。唐泰把帖帽压得低低的，径直迎着这群人走了过去。

“什么人，晚上还要出城？”在擦肩而过的时候，唐泰引起这伙人的注意，其中一人大声喝问。

“我本住在城外高峣，进城办完事，所以要赶着回家。”唐泰从容地回答道。

“你进城办事，为何还带着武器？”唐泰腰间挂的宝剑引起了这伙人的警觉，他们纷纷围了上来。

“哈哈哈，这不是沙贼的谋士唐大人吗！我们找你找得很辛苦啊！唐大人，跟我们走一趟，去见一见黔国公的佥书林启俊大人吧。”一个沐家兵丁认出了唐泰来，仿佛如获至宝似的。

“真的是唐泰吗，把他押送给黔国公，那我们可发大财了！”这一群人兴奋地说着，手举刀枪向唐泰逼了过来。

“刷”的一声，说时迟那时快，唐泰拔出了宝剑，顺势挡开了向他逼来的刀枪，用剑作护身状。

“啊，看不出来唐大人还有两下子嘛，我们就和你比试比试。”沐府残兵当即又扑上几个人，把唐泰围在了中间，他们要生擒唐泰。

于是，一场悬殊很大的格斗当即展开。唐泰施展了年轻时学过的剑术，和沐府残兵对抗，小西门附近便成了格斗的战场。

唐泰把剑舞得如同车轮一般。一时间，沐府残兵还近不了身。一来，这些残兵没有想到唐泰一介书生还会使剑有些轻敌；二来，这些残兵谁也不想拼命冒险，使得唐泰暂能自保。

可是时间一长，唐泰的劣势使呈现出来。多年没有摸宝剑的他剑术已非常生疏，时间一长体力也渐渐跟不上了，浑身已经被汗浸透，手在发抖脚下打滑。他只得且战且退，企图逃出残兵的包围圈。但是谈何容易。

“唐大人，不要顽抗了，还是举刀投降吧。”沐府残兵一看唐泰独立难支，便开始戏耍起他来，和他轻松格斗，还不断出言调笑侮辱他。

此时的唐泰已经是汗流浃背、气喘如牛脚步都有些散乱了。他几次都想冲出包围圈逃走，都被沐府残兵压得无法脱身。他心里说，想不到自己高傲了半辈子，到头来还要落入这些人的手，遭受凌辱和折磨。想自杀都抽不出手来啊！

就在唐泰筋疲力尽、想要扔剑就擒之时，忽听到包围圈外面有人一声断喝：“呔，你们那么多的人围攻一人，太不要脸啦，也太过分啦！不要欺人太甚，看我斗来。”

接着，便听到一阵兵器撞击之声，响个不停，“哎呀，哎呀，啊，啊啊……”沐府残兵受伤的惨叫声也传了过来。

暮色之中，唐泰看到一个黑衣人刀持一把利剑加入战团。此人身材魁梧，身手矫健，剑法纯熟，和沐府残兵格斗以一当十。有几个兵丁已被他刺伤倒地。一时间，唐泰的压力便减轻了很多。

“快跟我来！”黑衣人向唐泰挥手。唐泰便向黑衣人靠了过去，和他且战且走，形成互相保护之势，并边打边向城西门退去。沐府残兵眼看就要得手，半路却跳出这么个手段利害的“程咬金”，没有抓到唐泰，反而伤了五六个人，先就怯了场。又无人肯真正地拼命抓唐泰，只眼睁睁地看着他们脱身。

唐泰和黑衣人出了西城门，不敢停留，两人一路飞奔，一口气跑到高峤路口方才停下。

“多谢壮士出手相救，唐泰万分感激，请留下姓名。”唐泰喘息过来后，忙向黑衣人表达了谢意。

“唐先生，是我啊，我是陈佐才。”

“你真的是陈佐才陈翼叔吗！真是太好啦！”

在这个夜里官道边见故人，他心里百感交集，要不是陈佐才出手相救，他现在早已成为俘虏了。心里却奇怪怎么那么巧呢。相见完毕，唐泰便说出自己的疑惑。

原来，陈佐才奉命到四川采购粮草，后因大西军占领四川，他们没有完成沐天波的任务。即将要受到处罚。后来就发生了甲申国变，陈佐才一怒之下，便辞职，回了老家蒙化，天天在读书自学。后听到省城发生了一系列的变故。他非常想念教授自己诗歌的忘年交唐泰，听说唐泰做了沙定洲的谋士，便到省城来探望。不承想，刚到省城又看到省城变故，满眼兵荒马乱，城里找不到唐泰，还有很多人都在找唐泰报仇。便留在省城，到处打探唐泰的下落。并到了朱昂家探听。朱昂知道陈佐才后便告诉他舅舅刚刚离开。他就一路寻来，也算机缘巧合来得及时，在关键时刻救了唐泰。

“唐先生，你将要去哪里啊？”陈佐才问道。

“嗨，是啊，现在哪里是我的容身之地啊？”唐泰被问得悲从心来，望着黑暗的夜空感叹道，他低头思忖了一会儿说：“晋宁老家是不能再回去了，回去只能连累我家的人，我准备往滇西方向走，去避一避势头再说吧。实在不行我就去丽江木老爷家。”

“也好，到滇西躲一躲也好，本来要随先生一同往西的，只因佐才还有一些琐事要去办理，我就不能跟随先生一同西行了，先生一路要保重。如他日有事，可到蒙化寻我。”陈佐才说道。

“你要多加小心。”唐泰关切地说。

“谢谢先生的嘱托。”

“才刚见面还未说上几句话，就要各奔东西，真是让人伤感，来日有机会我们再聚了，就此别过！”唐泰痛苦地说。

在夜色之中，两人拱手而别。陈佐才向城里的方向走去，而唐泰却向西踏上了通向安宁的大道，迅速地消失在了夜色之中。

就在王锡衮被害的第五天，唐泰离开昆明的第二日，大西军没有费多大的力，浩浩荡荡地来到了昆明城下。

刚刚被解除软禁的巡抚吴兆元等人，都以为这支军队就是沐天波妻子的兄弟的武装。为此，在得知这支胜利之师的到来后,满以为就是这支复仇之师把沙定洲吓跑的。于是吴兆元还临时组织、带领一些幕僚到昆明郊外去迎接这支给他们带来希望的军队。

其实，被蒙在鼓里的不仅仅是吴兆元，当这支军队通过宜良向昆明进发时，并想邀请孙可望等人进城欢宴。这让孙可望等人深感诧异，并暗自高兴。孙可望等没有进入宜良城，而是匆匆而过，直向昆明一路疾进，占领昆明才是他们真正的目的。

我们想不出当时率众出城欢迎大西军进城的吴兆元，他那一刻心里的想法是怎样的。其实，沙定洲走后，吴兆元等人最终还是弄明白了，什么焦家兄弟，什么复仇之师，那都是蒙人的。恰恰相反，这支雄赳赳的军队正是大家严防死守的明朝死敌——张献忠的残兵。对于这种情况，吴兆元简直是哭笑不得，但又无可奈何。是阻挡大西军进入昆明吗？那已是不可能了。他手头已无一个可用之兵，以卵击石的反抗等于死路一条，又可能殃及城中的百姓，让昆明的百姓再遭荼毒。他左思右想，在万般无奈之下，只

能硬着头皮率领人出城笑脸相迎大西军进城。其实谁也不知道，他的心里却比苦瓜屁股还要苦。

四月二十四日这天，大西军顺利地进入了昆明城。史料记载，大军对昆明城里人秋毫无犯，让一直提心吊胆的群众放下心来。每天的生活都要照常继续着，在这个多事之秋，能够多活一天都是幸运的了，还能奢求什么呢。

2017年3月，昆明西山风景名胜区管理处工作人员，在西山千步崖发现一块躺在路边地上的古石碑。石碑上写有“罗汉崖修路公德告示”字样，时间为“崇祯十三年庚寅九月”，就是1640年，距今377年，监造人为“黔国公沐老爷”“都察院吴老爷”和“巡按倪老爷”。这块古碑的撰文者为唐泰。这块古碑在之前的文献中没有提及过，属于首次发现。这足以证明，1640年，唐泰已经在省城常住了。

水目山剃度

担当使者入吴时，
受业香光得所思。
底事不挑书画担，
偏挑心印担西弛。
应从书画捂禅机，
心印传家妙入微。
跳出昆明劫灰后，
云中一鹤独高飞。

——担当后人（清）唐咠诗

逃禅水目山

1647年的四月底，大理祥云洱海卫水目山，这时候已是即将进入春末，到处是一片郁郁葱葱的景色，雨季还未到来，到处刮着西风，吹在人的脸上有些干燥。路两边的田里的村民在忙着收割着小麦和蚕豆。这里属于洱海卫，战火一时还烧不到这里。

唐泰经过四天的行走，来到了水目山下。他显得非常的疲惫和失落。在这三天的行程中，他从安宁道一路西行，经过禄丰县、绕过杨畏知把守的楚雄城，经过南华县，便来到云南驿，他此刻的步伐越来越坚定，目标也越来越明确——到水目山剃度出家。

本来，初初逃出昆明之时，他的想法只是找一个能够暂时安身的地方，远离那个令他心碎的昆明，避一避被追杀的风头。他一路走一路都在思考自己这些年在昆明的所作所为，每次想到都觉得惴惴不安，自己的失败最大的因素就是识人不明，不仅没有实现自己当初预想的抱负，自己还和一群土匪为伍多年，真是不值得。他悲伤地想，避了风头之后，自己还能做什么？自己还能够做什么？一个念头突然蹦了出来，还不如出家做和尚一了百了！

出家，此时，对他和对晋宁的家人不失为一个万全之策！

多年之前，自己游历江南的时候，曾经就拜了显圣寺的大师湛然为师，只是因母亲在堂，没有剃度。但现在若要回到浙江显圣寺去剃度，一来路途遥远，二来一路上正是战火纷飞，到处都在打战，显然是不可能的事。最后他决定就在滇西找一所寺庙剃度得了。那么找哪一所寺庙呢？他想起了水目山和住持无住大师。

为何唐泰从未到过水目山，却想到了水目山的无住呢？原来，徐霞客漫游滇西时，一路走还一路和唐泰互通书信。在徐霞客给唐泰的信里，曾提到自己游览了滇西洱海卫的水目山的风景。说那里风光优美，佛事颇盛，特别是那里的住持无住禅师宅心仁厚，是一位大德高僧。这在他的心里留下了对水目山的深刻印象。

他的这一举动是万般无奈之举，是无可奈何之举。对于一个年过半百、有家有室的人来说，不到万不得已是不会出家的。何况对于名重一时的一代才子唐泰呢！

从他留下的诗文话语的只言片语中，我们可以看得出唐泰选择出家的原因有三。第一，作为很早就看破红尘的他，早有出家之意。他不愿意成为大清臣民，对大明有着无限眷恋。再加上他只有五个女儿，没有一个儿子来传承他们这一支的宗嗣。第二，他本来想在国家的多事之秋，以五十多岁闯出一片天地来，“慷慨有所为”，为大明江山的恢复出一分力，有所建树。然而事与愿违，最后落了一个兵败潜逃，还担了一个反贼的名声。第三，这样可以不连累晋宁的家人和唐氏家族。

唐泰在明朝灭亡之后，就匆匆地跑向了禅门。其实，在明末清初，和他一样的人还有很多很多，如八大山人、渐江、石涛、大错和尚等人。他们都是国变后，不想依附清朝的遗老，只有出家了之，于是，他们都有一个共同的称呼——逃禅。

这是他们人生道路最合理、最能接受的、最好的选择。

位于云南大理境内的祥云县的水目山，在1647年时，已是滇西一处著名的禅林宝刹。它的历史可以上溯到唐代。由于水目山似莲花，故有人开始兴建寺庙。唐代南诏国时期，就成了当时的皇家寺院，一直以来香火不断。到了明朝，其规模大不如前。徐霞客1638年的冬天游览水目山时，所看到的规模已经很小了，他只是对旧寺简单地记述了“有井，有大香樟，有木犬，有风井，有塔”。而他当时看到的主持无住也在忙着建盖新寺。

事隔七年之后，相信水目山也未有多大的变化吧。只是徐霞客七年前是以旅游探幽的悠闲心态来水目山，而唐泰是怀着万念俱灰的心态一路逃向水目山的。

他步履匆匆，肯定不会留意水目山的山似莲花的美景，不会留意山路两边的山茶花争奇斗艳，更无心细看水目山塔林的夕照阳光。他虽然决定了下半生归入禅门，再不管不顾红尘喧嚣，你争我斗。然而在一步步走向水目山的同时，身后的事谁又能一下子就全抛到脑后呢？

此时，唐泰的家乡号称“滇中明珠”的晋宁，即将遇到一场谁都意想不到的大浩劫。这也是晋宁有史以来最严重的浩劫。

孙可望、李定国、刘文秀、艾奇能轻而易举地得到了省城昆明之后，孙可望立刻发号施令，分别派遣李定国等三人，分头出击云南各地，围剿沙定洲的残余势力，根本不让沙定洲有一丁点喘息的机会。

四将军中最为强大的李定国所带的大西军，理所当然地成了攻击沙定洲老巢的主力军。于五月十九日便迅速地开到了沙定洲老巢的最后的屏障临安府（今建水县），发动了猛烈的进攻。在几乎快要得手的时候，一个紧急的军情让他放弃了唾手可得的临安府，挥师反身向晋宁气势汹汹地扑过来。

李定国，陕西绥德人，很早就加入了农民军，在军中作战勇敢，被张献忠收为养子。他目不识丁，却以刚直之勇，成了大西军的主要将领。

本来，李定国带兵去攻打临安的时候，途中经过晋宁州，大兵过晋宁州时，秋毫无犯。当地老百姓对这支不搅扰不添乱的军队也表现出热情，还组织了牛肉和酒去犒劳大西军。李定国对晋宁民众的表现感到非常欣慰，他难得见到这么温顺的民众。于是，李定国在晋宁住了一晚才带兵离去。

真是世事难料，一个小小的信使，改变了许多人的命运。就在李定国进攻临安时，一个来往于昆明到临安的信使在送信经过晋宁州时，大肆向晋宁的群众索要钱财物品，贪婪的信使狮子大张口，向晋宁要这要那，一会儿称要十匹快马，好用来送信，一会儿又说要五千两白银，给他做路上的花费,并指定当地的人必须不折不扣的完成。信使和他的随从就坐在县衙的大堂上，叫知州冷阳春去迅速办来。

知州冷阳春嘴上答应着走出来，忙临时召集举人段伯美等一干人想办法。段伯美一听当即大声骂了起来：“这个喂不饱的白眼狼，今天你给了他，明天他还继续来索要，那怎么了得啊！”“那该如何办理这事呢？人家还坐在大堂上呢！”冷阳春问道。“走，我们去瞧一瞧。”段伯美喊了一干人来到县衙大堂上，质问信使。三两句话不合，段伯美于是就率众把这个贪婪的信使给杀死了，又把信使随从的耳朵鼻子都割了，才放他走。对农民军憎恨的段伯美当即联合知州冷阳春，一不做二不休，把晋宁城门紧闭，来抗击李定国。

李定国在前线得到这个消息时，他的感觉是又急又怒。在自己的背后有人捣乱，还杀害他的部下并羞辱他，断他的后路，他不得不管，于是他当即率兵气势汹汹杀回晋宁。

怒火冲天的李定国星夜杀回晋宁之后，当即发起对晋宁城的围攻。晋宁城本不大，城墙也不高，仓促组织起来的守城部队不堪一击。三下两下就被李定国攻破了城池。

破城后见人就杀，见房就烧。李定国把抓到的男女绑在营门口，命令按照男左女右举手等待砍手。男子被砍断左手，妇女被砍断右手。有人吓得把手举错，那么两只手都被一起砍掉。李定国还想了一绝招，他把老百姓全部围困在城中，然后大开东西二城门，把东门定为生门，西门定为死门，但是却不告诉人。老百姓们一看有城门大开都忙往外就跑，从东门跑出的就保住性命，从西门跑出的人就被杀害。很多从西门跑出去的百姓被处死。段伯美和冷阳春被杀。一时间，晋宁成了人间地狱。

对于李定国在晋宁的这一次屠城，仅仅是归结为孙可望等四人在云南所谓平叛战争的一个小插曲，在历史浩瀚的长河中显得微不足道。仅有康熙年间的《云南府志》记述了此事。对于身经历百战杀人如麻的李定国来说，只是搬走了他脚下的一个绊脚石而已。

对于走向水目山的唐泰来说，家乡发生的这一次劫难，也只是增添无尽的叹息和惆怅，只能站在水目山上眺望远方的故土，为自己的亲人祈祷平安。

“担当”称号的由来

唐泰一路登上水目山后，不顾旅途的劳累，也来不及欣赏水目山的美景，立即请人通报水目山住持无住禅师，说是晋宁人唐泰求见。

水目山无住禅师是一位大德高僧，他本来不识字，少年时当过铁匠，二十八岁那年看破红尘出家修行。出家后经勤学苦练，昼诵经文，夜抄经卷，硬是学会了写文章和作诗，还练得一手好字。他还是一个交游甚广的人，和名儒陈眉公、画家董其昌等有交往，也接待过入滇到了水目山的徐霞客。

这日他正在禅房打坐之时，听门人来通报唐泰求见，他显得有些诧异。这些年来，他对唐泰的大名早有耳闻，早已仰慕唐泰的诗、书、画的才名，只可惜无缘认识。不想此人会来到水目山寻他，他感到很高兴，立即叫人请唐泰到方丈室叙话。

两人见了面，互相见了礼，并互道了倾慕的意思之后，话题便逐渐进入正题。唐泰简单地把自己的经历和无住禅师说了。他最后说道："本想作为大明的臣民，能为大明的兴亡出点力，现在看来是事与愿违了。早年我就曾在会稽山从湛然大师皈依，因为有老母在堂，就没有剃度。如今老母仙逝，又遭此劫难，无家可归，自己有了出世之意，本来想到浙江去追随湛然大师剃度，可是现在战乱纷扰，难以实现自己的夙愿。就想着能就近拜大师为师，完成我剃度的夙愿，还望大师能够成全于我，让在下成为大师的座前弟子。"

无住听了唐泰的一番话之后，更觉得有些诧异，他没有想到唐泰来找他是为了出家剃度，还愿意拜在自己的门下。而口口声声要随自己剃度的人不再是了无牵挂的才子唐泰，如今是一个落魄之人，一个想借出家来避难之人。他是否会给水目山带来不利的后果呢？作为水目山寺的住持，他不得对唐泰的请求持慎重态度。

“唐先生来到水目山，让山寺增光，但是先生的此番请求，令贫僧感到很突然啊！这样吧，今天天色已晚，就请先生先到客房休息。至于先生出家一事，容贫僧考量考量吧！”无住说完话便闭目口中不住念起佛经来。

“大师、大师……”唐泰还想再请求，但是看到无住已只管念佛，不再搭理自己，只得随知客僧到寺院客房休息。

唐泰虽然有很多的心事，但因一连走了几百里的路，还担惊受怕，早已非常劳累，头一落枕便睡了过去，一觉睡到日上三竿才醒来。

他此时才仔细观赏了水目山和水目寺。这座古刹就坐落在群山之中，水目寺就建在靠山东望的山坡上，早上起来很是向阳，两边的山展开，像一朵莲花。

整个寺庙已颇具规模，有高高的水目寺塔，在朝阳中显得肃穆庄严。各处殿宇错落有致，掩映在大片大片的绿树丛里，佛塔和殿宇相互映衬，相得益彰。远处的一个山头之上，一座座具有大理式建筑的古塔形成的塔林，在朝阳照射下，非常古朴而幽静。

这是一处古老的禅林。

唐泰置身其中，渐渐多了些平静，少了些焦虑。他不知今天住持无住是否收自己为徒，能够留在这有名的水目山之上。

正在思索之际，忽然有知客僧来告诉他，方丈有请。唐泰心想，肯定是为自己拜师的事，立即跟随知客僧往方丈室走去。

此时僧侣的早课已经结束了，走进方丈室，屋里依然燃着香火，无住手持念珠，嘴唇微动，在闭目默念着经文。知客僧自行出去，只留唐泰一人在房中，他安静地在一旁，等待无住念经。

大约过了一炷香的工夫，无住才把经念完，睁开眼睛，示意唐泰坐下。

“阿弥陀佛，先生昨夜可曾睡好？”

“多谢方丈，在下睡得很好。”

“水目山山风凛冽，庙舍简陋，先生可曾适应啊？”

“我本逃难之人，也是无家之人，有一栖身之所已足矣，再不敢奢望其他。”

“阿弥陀佛，先生所言极是，僧本无家啊。先生早年曾皈依我佛，只是未剃度而已，本来就和我佛有缘。今你提出要拜在我门下，贫僧思考一夜，不为你剃度，那是贫僧的罪过啦。这样吧，就委屈你做我的入室弟子，因你是湛然大师的门徒，现在就仅遵戒但是却不能嗣我的法，不知先生意下如何？”

“多谢师傅……”唐泰纳头便拜，心里百感交集，作为一个有如丧家之犬的人，能够有一个归宿是非常的不容易，同时感谢无住大师能够留下身上还有诸多是非的自己。

“本来要举行一个法会为你剃度，但是因你的身份特殊，如果大搞法事，会引起诸多不便，只能一切从简，今日就在我这里剃度吧！”

“多谢师父成全。”唐泰此时方行师徒之礼。无住为唐泰落了发，并拿来一套僧衣，给他换上。

“我的弟子很多，都是普字辈的，你的法号就叫普荷吧。”无住交代完为僧的规矩后，立即换一种语气说道：“徒弟，其实贫僧非常推崇你的丹青和书法的，以前只能耳闻，以后就容易啦，你要指点贫僧几下呀。”

无住突然冒出的话让此时的普荷师傅一时无言以对，不知说什么好。

晨钟暮鼓，古刹梵音，野山鸟唱，溪谷羊鸣这一切都透露出滇西山野独有的美丽和沉静。

普荷和尚在水目山开始了出家人的生活。

“咚、咚、咚……”天还未亮，水目寺和尚上早课的钟声便敲响了，在凌晨的山野中传得很远很远。

普荷跟着和尚们来到大雄宝殿。殿里香火通明，早就站满了和尚，都按照辈分依次排开，人人都身着袈裟，有的手持法器，有的双手合十，中间是方丈无住禅师。

无住带领着众僧，在法器的敲击之下开始念诵《大佛顶首楞严经神咒》。普荷也跟着庄严念诵。

然后是长时间的打坐和诵经。

到了晚上，开始晚课，诵《阿弥陀经》，礼拜佛诵《礼佛大忏悔文》，最后是放蒙山施食。

每天都如此周而复始。

“著起袈裟百事休”，普荷尽量让自己忘记过去，忘记家人，老老实实地做一名僧人。表面虽平静，但是他心里常常会想自己在昆明这些年的所作所为。

自己想为大明做一点事，却做错了很多事，他时常在内心里自责，让自己的心备受煎熬。这些年，有许多人的丧命都或多或少与自己有关，现在，以佛家的角度来衡量，那是多么深重的罪孽啊！他常常跪在佛前忏悔，为往生祈祷，想以此减轻自己的罪责。

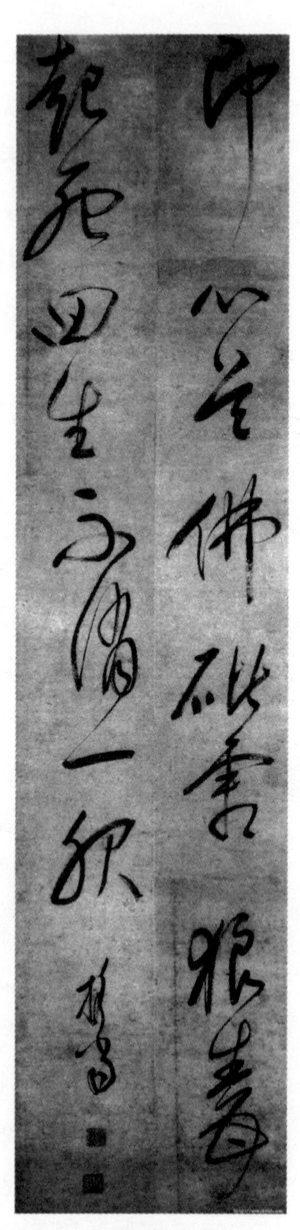
担当书法

在水目山，无住有空就把他唤到身边说话，和他谈论书法绘画和诗文联语，谈到高兴时，无住还拿出自己写的诗文叫普荷评论。有时当堂研墨探讨书法，无住的书法比较有特色。对于佛家修持却不怎么传给他，搞得其他师兄弟摸不着头脑。普荷也就和师傅说书法绘画，只要谈起这些，他兴致很高，倒也不觉得寂寞。

就这样普荷在水目山上抚平伤痛，调理羽毛的时期，他在水目山就待了一年左右的时间。这期间，他曾抽空到姚安府妙峰山德云寺拜望了彻庸禅师，互相交流了诗作，并应彻庸的邀请，为《妙峰山志》作了序言。在《题彻公赠见师卷》上他写道：鸡山彻公，海内最异人也。生平不轻许一人，为安心法不易指出耳。顾独于见师有所独契。余官其卷，不胜爱慕。在寺一宿后，晓起勉题数字："闻师瓶钵何草草，昨日入山今日老！山好水好闲更好，家中有子莫挂他，摇头只说不知道，不知道，好好好！"

我们很想在四百年后到现在已修葺一新的水目山去寻找一点当时普荷的足迹，而此时的水目山最著名的景点是全国都罕见的寺抱塔奇观，西南最大的佛教塔林、举世稀有的佛门圣物舍利子。再也找不到任何普荷的遗迹实物，留下的只是很少的关于他的传说。

普荷留下了一些为数不多的与水目山有关的诗、联，诗仅存一首：

山似莲开不染尘，
一灯祖意万年新，
借风托足飕飕冷，
以水传心滴滴真。
过去四元无别路，
未来三更属何人，

劝僧莫学金钩系，
切恐头颅误此身。

在唐泰出家后，还为自己起了一个号为“担当”，在他的一些书画的落款上都书上“担当”二字。“意为能荷佛家之担也”，意思是能够担当，承当佛家的担子。叫来叫去，叫顺了嘴，人们只记得有一个叫“担当”的和尚，这就是担当大师的名字的由来。

李定国生擒沙定洲

放下担当大师在水目山修行暂且不表，我们把目光回到他原来为之效命的主子沙定洲的命运。

此时，已经龟缩在老家佴革龙的沙定洲，越来越感到日子不好过，每天都过得战战兢兢。因为，李定国的兵马离他越来越近。

沙定洲本以为逃回老巢后，利用自已经营多年老家的高城深坑来抵御。而且既撤离了风口浪尖的昆明城，避开李定国的锋芒，他们就不会跋山涉水来攻打自己了，想不到人家攻占昆明后，第一个要收拾的就是自己，还把自己列为要剿灭的叛匪之首！每想到此沙定洲都哭笑不得，李定国等人也不瞧一瞧他们也是盗匪，被清兵一路从中原杀到云南边地，摇身一变就成了剿匪的人。

他还指望守在建水的妹夫汤嘉宾能够抵挡一阵子，

让自己能在佴革龙喘息一下，再把城池加高一点，再把豪沟挖深一点，再多准备些滚木礌石。

前方传来战报，五月十九日，李定国亲率一支精兵抵达了自己的门户临安（建水县城），立即发动猛烈的攻击，汤嘉宾凭借临安城墙坚固，抵挡住李定国的第一轮进攻。还迅速派人报给沙定洲，信中还颇为得意地说，只要粮草充足，临安城守他个一年不成问题。

沙定洲闻讯大喜，他充分相信自己的妹夫。他立即从佴革龙调拨、增派兵力，支援临安。临安是屏障，不能够有失。

五月二十四日一大早，沙定洲刚起床，便有士兵跑来禀报，说汤嘉宾求见。沙一听心里就咯噔一下，忙到大堂看个究竟。大堂里的汤嘉宾满面尘土和血迹，汗水流得一条一条的印迹，左臂还绑着绷带，一见他当场跪下声泪俱下地说："大哥，临安失守啦，我，我实在对不住你啊……"

原来，李定国连续两天进攻临安都迟迟不能奏效，这个屡经战阵的人非常焦躁。将士们说，临安城规模不大，但是城池非常坚固，除了昆明大城墙就数临安的城厚啦，还有一条宽宽的护城河，真的很难攻下。

李定国为了破城，他一个人骑着马围着临安城来回绕圈子，苦思破城的办法。他看着临安城墙直皱眉，临安多年来是这一带的行政中心，沙定洲这些年来，苦心经营这座城，城墙都用青砖砌成，比一般的城墙还要厚，火炮打在上面最多就是留一个小坑，丝毫不能打坏。当转到东门的时候，李定国的眉头便舒展开来，立即打马回营，把众将找来，俯耳悄悄地把破城之法都交代下去，众将士依计而行。

二十二日上午，临安守城士兵依然凭借土城不时往下放箭，突然，就听到几声巨响，有如山崩地裂一般，只见东南面的城墙一下子倾倒了一大片，有些守城的兵丁随着这一声巨响掉下城去。早就准备好的大西军蜂拥而入，纷纷从倒塌的城墙缺口冲进城中。一路追杀沙定洲的军队。没有了城墙可依的沙兵怎么能够抵挡得住大西军的冲杀，早就四散奔逃，溃不成军。汤嘉宾算是走得快，身上还是受了点皮外伤。一天之内，李定国就占领了临安城。

原来，李定国趁沙兵晚上疏于防守之际，命令士兵连夜挖掘坑道，一直挖到城墙的下面，然后在城墙下填塞了大量的火药。白天点燃引线，城墙便轰然而倒。此法被称为“放进法”。是李定国一直引以为豪的破城方法。

沙定洲一听临安已破，当即惊得目瞪口呆，半天说不出话来。从临安到佴革龙，只要半天的工夫，想不到李定国的战斗力那么强。他定下神来，忙不迭布置防守，但是紧张了几天却不见李定国的军队杀来，派人一打听，才知道晋宁发生了冷阳春为首的叛乱，李定国怕后方有事挥师返回，平定晋宁州之乱。

沙定洲又得到一次苟延残喘的机会，只不过这一次机会是晋宁数千民众的性命为他换来的。

1648年七月，李定国再次对沙定洲的老巢发起进攻。李定国此次志在必得，和他共同征讨阿迷的，还有刘文秀的军队。因为孙可望、李定国、刘文秀、艾奇能四人知道，要彻底平定云南，必须先把沙定洲剿灭掉，其他的地方势力才会听他们的话。

然而，军粮运输成了头等大事。以前，往往前方几乎要得手，可当时昆明到阿迷一带的路上山高路险非常难走，军粮往往供应不上。前方军队不得不抽掉很多兵力运粮，减弱了战斗力；或者要全军退后就粮，更不利于进攻。

孙可望此时独揽大西军大权。他在后方想了一个办法，从昆明征集民夫，每户征民夫一名，每个民夫领粮食两斗，运输到临安后只规定交一斗五升，剩余的五升就给民夫做口粮，另外还发放给从昆明来的每个民夫运费白银二三两不等。这一运粮政策调动了很多农民的积极性，都跑来为大西军运粮。军粮运输的问题得以解决。

李定国、刘文秀的兵马解决军粮的问题后，对阿迷、蒙自等地的沙定洲的残兵败将的进攻势如破竹，这些地方的沙兵都纷纷归降。到了八月份，李定国把沙定洲团团围住，开始轮番攻打。

得以残喘了半年的沙定洲此时和夫人万氏、妹夫汤嘉宾正躲在土城里商议退敌之策。

“我就是想不通，李定国此贼为何放不过我？把我搞得如此狼狈不堪！我好像前世和他有仇。” 沙定洲恨恨地说道。

“大哥，我看此次李定国是志在必得，依我的想法，不如放弃佴革龙，乘夜逃走，可以跑到缅甸躲藏。”汤嘉宾再次提出自己的想法，这一建议他曾向沙定洲提过。

“妹夫，没事的，这里我早已安排妥当，何况此地非常险要，易守难攻，谅他李贼也攻不进来。他攻一段时间无果后自会退去的，到那时，我们从后面追击，可以乘势收复临安。”沙定洲对眼前的情势还是抱有乐观的态度。其实，他是舍不得离开他的老巢，最大的原因是这里有他多年搜集来的金银财宝。

“你哥说的是，这里地势险要，很难被攻破，何况我们一逃跑，就再无险可守，到处逃窜流浪，那种日子我是不过啦。”夫人万氏也在一旁附和着。

看看说服不了沙定洲，汤嘉宾就没再多说。想想也是，凭佴革龙的地势，外人是很难攻进来的。

几人也不敢轻敌，都做了分工：由沙定洲带人守住前寨，万氏带人守住右寨，汤嘉宾带人守住左寨，再派得力将领分别守住左寨和后寨，确保万无一失。

李定国的兵围住佴革龙，猛冲猛打了几天，都被沙定洲的兵马凭险击退。看着自己所下的赌注又奏效，沙定洲当即把悬着的心放下来，想和李定国耗时光。

沙定洲顽强地抵抗了近两个月的时间。由于沙经过长期的准备工作，粮草依然充足，士兵的斗志依然旺盛。

然而，一天，有士兵匆匆赶来向沙禀报，他们昨夜下山取水时，发现往常取水的水源地已被李定国的兵占领了，派了很多兵在把守，还把取水的兵杀死了几个，其余大都跑回来，饮用的水再也取不到啦。

一听到此消息，沙定洲倒吸了一口凉气，意识到了问题的严重。佴革龙土城地势险要，唯一不足的是土城里没有水源，过段时间，要派兵夜里偷偷到城外的水源地去取水。“想不到取水点竟被李贼给识破并攻占，这如何办呢！”沙定洲一下子急得像热锅上的蚂蚁。但也毫无办法，只有隐而不告诉其他兵丁，只要求要节水。

第一天，沙兵在惶恐中度过，因为还有部分存水，节省着用，还可以维持一阵子。可是没有坚持到第三天，守寨的兵就耐不住渴，有的在夜间悄悄逃亡，有的直接向李定国的大营投降，谁也阻挡不了。

沙定洲自己想坚持已力不从心了，他只得派人向李定国通报，自己愿意投降。李定国也立即同意。

第二天，沙定洲打开寨门，率领残兵败将向李定国投降。沙定洲的投降待遇可没有其他的兵好，因为其他的投降兵都是全部放回家务农，不再追究责任，而沙定洲、万氏、汤嘉宾等少数头领被当场拿下。

沙定洲和李定国终于见面了，他们互相对视了一阵后，李定国冷笑几声，而沙定洲无奈地叹口气。

“你把我一人杀了吧，和我的妻子朋友无关。” 沙定洲低头向李定国求情，他知道自己难免一死，便为别人求情。

“你一人死多寂寞啊，我会让你的亲人陪着你啦。”李定国很冷淡地说。

“你这狗日的……”任沙定洲破口大骂也无济于事。

沙定洲一败，再也没有谁还敢来反对李定国，整个阿迷州及云南东南部，都被李定国平定。

沙定洲等人于十月间被押到昆明，他万没有想到自己在两年之后，会重回到昆明。两年前，自己是何等八面威风，是昆明之王，出来进去耀武扬威，趾高气扬；两年后，却是以土匪头子的身份坐着囚车披头散发、垂头丧气地被押入昆明的，这是何等的落差！

真是世事难料啊！

当地居民恨死了他们，纷纷追着囚车用石头、土块、垃圾追打他们，更让沙定洲痛苦不堪，他第一次感受到做一个囚徒的滋味，人家不用杀你，群众的口水都能把你淹没。“报应啊，报应啊！”他把眼闭得紧紧的，不忍心看到妻子和其他心腹弟兄的惨相。他知道，自己在世的日子不多了。

几天后，沙定洲、万氏、汤嘉宾等人被押往刑场，当众被乱刀砍死，有点等同于凌迟之刑。曾经遭受他们蹂躏的昆明当地民众都拍手称快，甚至有激动的人冲上前抢食他们的肉块，借以泄愤。

沙定洲被处死后，云南便进入了以孙可望、李定国、刘文秀、艾能奇为首的“四将军时代”。

隐居鸡足山

故乡路断老难归，
遥指盘龙忆翠微。
欲扣死心焉可得，
漫劳生而未全非。
帝从日下颁新旨，
谁在堂前捧旧衣。
惹得灵山开口笑，
人天百万有光辉。

——担当《在鸡足山忆盘龙莲峰祖师遗蜕》

结茅山中

1649 年。

大理宾川。

鸡足山之巅。

下着蒙蒙细雨。

云雾弥漫。

一座小亭在雨中。

空气中有雨的清凉和山野在雨中特有的气息。

担当大师在一个小亭中认真地作画。

鸡足山的山峰云雾中时隐时现，有如仙境。

在雨中的鸡足山更显神秘而庄严。

担当已从水目山来到鸡足山几个月了。

鸡足山古称为青巅山。

在明末清初，鸡足山已经成为大家向往的佛教名山。

静闻和尚刺血写经来参，可惜走到半途身亡异乡，但留下遗言，骨灰也要葬于鸡足山；徐霞客漫游各地，但鸡足山他登临两次，流连忘返。

鸡足山之所以有名，是一篇《迦叶缘起》中说：

“如来入灭，以金镂衣付饮光（迦叶尊者），禅定于鸡足山华首窟中，待弥勒诞生，于龙华树下求捧衣，遂补佛处，饮光献衣讫，作一十八变化，乃入灭。阿难（尊

担当书法

者）捣名香作像，又手镂饮光形。今院数火，而镂形必示异负出，不灾于焰也。”

鸡足山的山势和形状比较符合唐玄奘大师《大唐西域记·摩迦陀国》中鸡足山的记载，渐渐的云南鸡足山便被附会成了玄奘取经走过的神山鸡足山，山上还有很多的佛迹，如华首门、迦纱石、佛光，说得有鼻子有眼。一些僧人都慕名而来在山上苦修。随着岁月的更迭，云南鸡足山的名声远播东南亚一带。

1648 年，刚刚在了一年担当大师离开水目山前往鸡足山。

在水目山，担当虽然跟着无住师傅学佛，过得较为顺意，但是水目山地处云南往滇西方向的咽喉要冲，官道云南驿就在山下，来来往往的人络绎不绝。像他这样的逃犯，即使是出了家，难免人多嘴杂泄露出去，那就有被抓的危险。当沙定洲在昆明被杀的消息传到水目山时，他便对自己今后的所在思考起来，思来想去也没有个结果。他把自己的疑难向无住师父讲了。无住稍一沉吟，就说道："你去鸡足山吧，那里地方偏远，山高林深，是个隐居的好地方，我也曾在鸡足山多年。"无住还提笔给鸡足山的法润、香雪等高僧写了信，希望他们能照顾担当。其实，当无住提起鸡足山来，担当才想起，自己还在晋宁时，就和鸡足山的僧人宏辨、安仁有过交往。

这天，担当辞别了无住，离开水目山，向鸡足山方向走去。

从水目山到鸡足山的官道上，曾留下很多很多人的足迹。远在苏州的苍雪大师走过，自己的好友徐霞客走过，如今担当开始走向他的另一个人生的宿命点——鸡足山。

从水目山到宾川鸡足山的距离有上百里的路程。沿途的风光旖旎，有村落，有田野，一路走一路看着风光，倒也不觉得累。才到了宾川县的牛井，他远远地就看见一座山峰高出旁边的山许多，雄屹天外，让人心生敬仰之情，那就是著名的灵山鸡足。

走过全国很多名山大川的担当被眼前的鸡足山所震撼了。

当他走过沙址村，来到灵山一会坊时，举头便见前的灵山苍翠，远处的庙宇在山中若隐若现，这眼前的美景，他好像早在梦中见到过，既陌生又熟悉。"万佛之先迦叶为第一上首，五岳之外鸡足乃天下有数名山。"他是这样来拿鸡足和五岳比较的。

担当的心醉了！这就是他今后即将栖身之地，这就是自己心灵的归宿，这就是自己的避世之所啊！

他迈步向山上走去，走向他人生辉煌的后二十年。

长舒了一口气，他把手中的笔放下，看着亭外的雨。

担当终于完成了自己的一组山水画，用了半个月的时间。

在这神奇美丽、风光无限的鸡足山上，担当很受启迪，仿佛自己的灵感也被刺激和触发出来，很久没有酣畅淋漓地作一次画了，他对刚刚完成的画作非常满意。

“舅舅，弘辨和安仁二位师傅前来拜望你啦。”他的外甥朱昂走进小厅来通知他。

看到朱昂，担当有些感慨，这小伙年纪轻轻便经历了很多的事，其中最大的打击就是，去年，当自己逃出昆明后，朱昂一家上百口的人却惨遭贼杀，他自己只身外逃，才留下了一条性命。他辗转一路打听到自己已到鸡足山，便一路寻来投奔，担当便带在身边。那场噩梦过去一年多了，这个年轻人终于恢复了往日的平静，暂时减淡了对去世亲人的怀念。终日跟在他的左右，很会照顾人，并随他学习书画。还常到鸡足山各个寺庵转，还对佛法产生了浓厚的兴趣。近来，不断地嚷着要随他出家，要舅舅为他剃度，说什么早已看破红尘，想出家后一了百了。

担当一直没有答应朱昂的请求，因为，现在朱家仅存朱昂一人了，将来朱家的香火必须由他来延续，如果出了家，那怎么对得起自己死去的妹妹呢！这事让他非常为难。

“哦，快请他们来相见。”担当当即说道，自己也起身到小亭外迎接。

细雨中，三个和尚撑着雨伞从山路上一路攀登而来，山道因下雨有些湿滑难走。走在前面的是他早已熟悉的弘辨、安仁二僧，后面还跟着一个他不认识的僧人。弘辨、安仁二僧早在担当还未出家时，他们就到晋宁拜访过他，以后都一直有联系，为丽江木公送书信啦，或者他们行脚到省城，都会抽空到晋宁一叙。

“担师，你好兴致啊，天下雨也不待在庵里，却来这里画画。害我们去庵里找不到，还好路不远。来看看又完成了什么样的大作呀！”弘辨快人快语，一面说一面凑

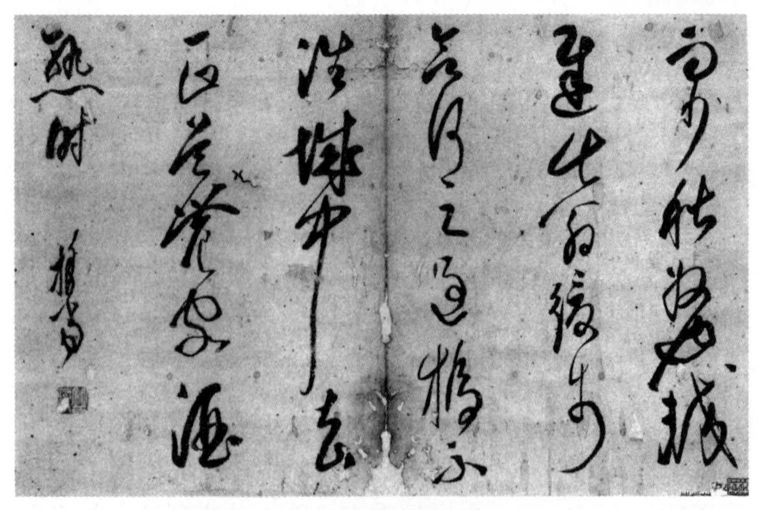

担当书法

过来看画。

“可不是，担师在家我们都要常去拜望，现在可倒好，不用跑那么远的路去晋宁啦，现在大家都住在鸡山上，往来很是方便。”安仁在一旁附和着。

三个和尚来到亭中，顾不得介绍都围到桌前观看担当新画完的山水册页。

“寥寥数笔，便勾勒出鸡足山水的神韵，让人留下遐想的余地，担师的画来源于山而高于山，佛味无穷，真是不可多得的妙品啊，今天让小僧大开眼界。”

“这位师兄怎么称呼？”对自己画的评价如此中肯，担当忙向弘辨、安仁问道。

“担师，都怪我们都忙了看画，忘了介绍啦，这位就是学蕴师傅，他是苍雪师的师侄，住在寂光寺，在山中已有文名。”

担当和学蕴两人互相行礼，互道仰慕之意。

“我外出游历回来，听师从水目山来鸡山驻锡，我喜出望外，立即请弘辨、安仁带我来见，以后还请担师多多赐教。”

“我刚来鸡山不长，山中众多宝刹和高僧大德都还来不及一一参拜，还望学蕴师见谅。”

“担师休要这样说，久闻大名，今日得在鸡山相见，了我平生的夙愿，又得观师的妙笔丹青，更让我幸之又幸。”学蕴说道。

“许久都不曾画画了，来到灵山宝地，让我时时有动笔之感，如此佳山妙水，怎能不让人陶醉！只恨自己不能描出灵山神韵，有愧有愧。”

“担师休要自谦，我的师叔苍雪来信提到你的很多事，我对你早已未见面而熟啦。你和我师叔是我佛门伟器啊！”

“苍雪师才称得上佛门伟器，我乃半路出家之人，说来话长，佛家不吝能容我栖身我已感激不尽，真是惭愧不已……”

学蕴接着问些担当在山上住得如何，生活各方面的问题，需用什么，担当都一一做了回答。他觉得自己和学蕴能说到一起，很有些投缘。

在亭中盘桓半日，不知不觉雨停了，鸡足山被一层薄薄的雨雾所笼罩，空气非常凉爽，鸡足山显得更加神秘。

看看天色不早，学蕴等人起身告辞。

后来，学蕴对担当照顾，学蕴和担当成了好朋友。多年后，学蕴离开鸡足山到楚雄的九台山大方广寺做住持，很多年后又见到担当，担当赠诗给他：

别久休嗟路不通，
九台高峙在空中，
怪来闻问无温语，
独有凝寒可赠公。

这首诗虽是写两个久别的和尚重逢，其意境写得很是高妙，在方外非常出名，流传甚广。

担当初到鸡足山时，就住在弘辨、安仁处，即片云居。按照师傅无住的介绍，他一一拜望了山中名宿，如法润、香雪等人。

间或到山中各寺庵、罗汉壁各静室游览。

他还特意到了仙人杨黼修炼过的山洞探访。

在鸡足山一直流传着有关杨黼的传说。说他是太和人（今大理城），他性格奇特，身为读书人却不参加功名考试。他家门前有一棵桂树，长得非常茂盛，他在上面搭了个小屋子，常居住在里面，一面读书一面种几亩田度日，伺候父母。抽空到各处游历印证所学。

他听说四川有一个无际大士，已参悟了道，就辞别父母后到四川寻找。走到半路上，遇到一格老和尚，问他："你到哪里？"杨黼说："将要访问无际。"老和尚说："见无际不如见佛。"杨黼问："佛在哪里？"老和尚说："你先回家去，如果见到穿褐色衣服的人，就是佛。"杨黼听了和尚的话，就回家，一路上也遇不到穿褐色衣服的人。当他回到家时，已经是深夜，就敲门。他的母亲就披着褐色衣服，倒穿着鞋子出来为他开门。这形状就是老和尚所说的，杨黼自己知道父母就是佛，他比以前更加孝顺父母。

一天，他看到砚台的水已经干了，便要下树取水，却发现砚台的水又满了，觉得非常奇怪。等到父母相继去世后，他便离家到鸡足山罗汉壁洞中居住苦修，一住就是二十年的时间，到他八十岁的时候，家人们来把他接回家，便在家中去世了。可把他入殓后，家人却见他从外面走来说："杨黼今天大事了啦。"在当天，有人在安宁的官道中见到了他，还有人在贵州的官道中见到他，他托人告诉家中的众子孙，要自己努力发奋。一天之内在两千里的地方有人见到他，并和他说话。一时间，他的事便传开了，传得越来越神，他修炼过的山洞也成了神迹，经常有人到此瞻仰、朝拜。

担当看完杨黼的修真洞后，也感慨万千，能够做一个真正的仙人该多好！他写了一首诗表达自己敬仰之情：

仙迹幽难觅，
凭高心自闲。
古人不可见，
得见古人山。

他还到文笔山下去祭拜静闻和尚的塔，佛塔依然完好，但他的老朋友徐霞客已经去世多年，回想自己和他交往的时光，诗酒吟唱仿佛就在昨日，这让他感慨不已。

在鸡足山，他就像鱼儿游进了水中，又像鸟儿飞入蓝天。

"结茅鸡足，十年面壁，十年阅藏。"这是后人总结他鸡足山的生活。在别人的眼里，他是何等的潇洒，这简直就是神仙的生活，它是那么的令人神往。

然而，当笔者连续三年走进鸡足山，去寻找担当大师的蛛丝马迹的时候，才发现，鸡足山依然神奇美丽，而大师的足迹已很难寻觅了！

在和大师同时代的大错和尚领衔编撰的《鸡足山志》卷四“寺院上”里“宝莲庵”的条目这样解释：“宝莲庵在凤毛山下净觉庵上，古名莲宗寺，万历庚辰，僧真慧创建，顺治戊戌，僧普荷重建，内有罔措斋，庵后旧有斗姆阁，今圮。”宝莲庵就是大师在鸡足山的住所。

在大错的《鸡足山指掌图记》中，他这样描述宝莲庵：“由片云居西过满月山至天池山，下为白云居，右为毗沙精舍，西即钵龙室，前为绿净山房，由南下坡，东转为断际处，从后西折为圆净、法界二庵，过倚杖溪，逍遥桥，为大乘、大士、大智、净觉、极乐、宝莲诸庵。”在这里，大错和尚很具体地描述了宝莲庵的具体位置。康熙年间绘制的鸡足山图显示，宝莲庵位于石钟寺的上方。目前，再也找不到宝莲庵的任何痕迹了。

1912年，李根源和赵藩相约着，兴致勃勃地到鸡足山游览，并在山中寻访担当大师的遗迹时，花了很多的时间，却什么也都没有找到，李根源在他的《曲石诗录》中提道：“担当大错杳难求。”最后，李根源只弄到一幅担当的自画像，并把一幅僧厨上的对联拓走。自画像现藏于筇竹寺，而对联也挂在筇竹寺的僧房门上，这副对联就是大师有名的僧厨联：

托钵归来不闻钟鸣鼓响，
结斋便去也知盐尽炭无。

这幅僧厨联为后世留下了关于出世与入世的矛盾，为后世留下无尽的联想。

在片云居借住了很长一段时间之后，担当移住宝莲庵，其在凤毛山下净觉庵上，古名莲宗寺。明万历年间，由僧人真慧怡手创建。担当看着庵后的山像凤凰的羽毛，心中颇为喜欢，就请宏辨雇人修葺，砌了倒塌的围墙，屋顶用茅草覆盖，并置办了一些生活用品，取名为“罔措斋”和“息机养静室”。

在动荡的社会里，担当终于在鸡足山找到自己的一方净土，开始他的“面壁”和“阅藏”的生活。

其时，在担当搬来鸡足山生活之前，山上除了寺庙外，早已有很多的庵、居、洞，都是一些避世之人建造用来清修的。随着明朝的灭亡，来鸡足山的人越来越多，鸡足山在当时已是滇西佛教圣地，同时也是各路隐士、流方僧人、逃难者的最佳避难之所。

在鸡足山安顿好后，担当拗不过自己的侄子朱昂，在他的再三请求之下，答应他落发为僧。朱昂由于家人上百口全部遇难，受到的打击非常大，时时有万念俱灰的想法，来到山上后，更是一天到晚沉醉于佛法，觉得唯有佛法才是最有效的救赎手段。担当为自己的侄子主持着落了发，并取法名叫把茅。

在鸡足山的第三个年头，一个年轻的小和尚风尘仆仆地来到山上找到他，手里拿着师傅无住的亲笔书信。书信里说，此人为安宁人，儿童时听到诵经之声就跳跃不已，长大后经常生病。不幸的是，家里的亲人被孙可望军所杀，于是一人辗转到了水目山请求剃度出家，因自己已无心再收徒，又因此人有佛缘，就干脆叫他来找担当，可为他剃度云云。既然是师傅有命，担当不可不从，于是为这个瘦弱的年轻人落了发，并为他起了一个法名叫广厦。

一个曾经荒芜的宝莲庵，因为有担当、把茅、广厦的到来，显得热闹起来。

正因为有像担当大师等一群逃禅之人的不断加入，这个庄严的灵山，更增加了一道绚丽的光芒，变得更加丰富而多彩。

从“太平有象”到破灭

1658 年，担当在鸡足山上画了一幅水墨画，画面上有一老僧，慈眉善目，略带眯笑地站在一棵松树下面，一头大象温顺地伏在老僧的身旁。自题：“永历戊戌九月，绍初寿图，花甲再新，太平有象。”这就是他著名的《太平有象》图。

这幅画并不是简单的绘画，它含义深刻，真实地反映了担当此刻的心情，这幅画是有所指。

自出家以来，担当都口口声声说不理旧事，只寄情于山水，吟诗作对，绘画交友，从表面上人们看到的是一名合格的僧人。但是，谁也不知道担当内心的真实想法。

其实，担当人虽在鸡足山，但心依旧惦念着山下的政局。

当沙定洲败亡之后，云南进入了孙可望、李定国、艾能奇、刘文秀统治的“四将军时代”。他们的势力范围以昆明为中心，分别拥有云南、贵州、四川的大片土地。他们以云南为中心，大力发展生产，安抚士民，并设科考试，选拔当地有才之士。

担当画

四将军在云南统治的几年中，云南出现少有的安宁景象。

1646 年八月，隆武帝朱聿键在汀州被清兵害死。明神宗第七子在广西的桂王朱常瀛这一藩，就成了晚明的仅存硕果。

1644 年，朱常瀛在逃难的途中，病死在广西梧州。由于他的继承人第三子朱由愣也不久后病死，第三子朱由榔被册封为桂王。得知隆武帝已死，一些大臣看到举国都没有了大明的继任者，便提议由朱由榔就任监国，来维系南明政权。1646 年的十月，朱由榔就任监国，并于同年十一月在广东的肇庆称帝，改年号为永历元年，朱由榔就是大家所说的永历帝。

然而，永历帝自称帝以来，便处于颠沛流离中，逃跑几乎占据了他生命的三分之二的时间，成为典型的“逃跑”皇帝。他一度从肇庆经广西逃到湖南，又逃到全州，后来又逃入武冈，并于 1647 年九月逃到柳州，于十二月逃到桂林，1650 年，永历帝逃到了梧州。还未坐稳屁股，1651 年，清军又由柳州南下，立即威胁到他的安全。

此时，孙可望正准备率军由云南入贵州开往前线和清兵交战。得知清兵进攻永历王朝，他忙派人往广西救援永历帝。因为此时,孙可望已接受了永历王朝给的封号——秦王。

永历帝在孙可望兵士的护卫下，一路南逃经过广西宁州、漱湍、龙英、归顺、镇安，于 1652 年逃到云南的广南府暂住。过不多久，孙可望派人把永历帝等人接到贵州安隆千户所居住。安隆是大西军的势力范围，永历帝的来到，意味着他和他的永历小王朝已被孙可望牢牢地抓在手中，任他摆布。孙可望把安隆改名为安龙，是为了把名字好听一点。这样，他成功实现了“挟天子以令诸侯”的历史模仿秀。

孙可望这样做还觉得不够过瘾，他一面对永历帝严加看管，一面想着废掉永历帝，干脆自己来做皇帝算了。

永历帝在这样受气而艰难的环境中过了几年后，就再也受不了了，原来孙可望是一个如此不堪之人，一不小心还有被取代的危险。于是，在大臣们的建议之下，他把希望寄托在“四将军”中另一名将军身上，那就是李定国。此时李定国正在前线和清兵交战。永历帝把自己的遭遇声泪俱下地写了一封信，秘密派人送往前线交给李定国。李定国看完信大受感动，决定救回永历帝。

1656 年正月二十二日，李定国率军从前线返回，巧妙地冲破孙可望设置的重重阻碍，抵达安龙，接到永历帝，便往云南转移。三月二十六日，永历帝进入昆明，受到昆明市民的欢迎。李定国把云南贡院当作永历帝的行宫。

永历帝对李定国的护送之举大加赞赏，封李定国为晋王。黔国公沐天波是大明世袭镇守云南之臣，永历帝非常信任他，并让他统率禁卫军，留在他身边护卫。永历王朝在云南壮大起来，永历帝也获得了短暂安逸的生活。

在贵阳的孙可望看到李定国在自己的眼皮底下把永历帝接走后，恼羞成怒，不顾及内部团结，当即撕破脸皮，于 1657 年率兵从贵阳出发前来征讨。李定国忙亲自率兵前去阻挡，两军在曲靖交水相遇，大战了一场，孙可望虽然兵多将广，但是当时很多大西军将领和兵士都心向永历王朝，消极进攻。结果，孙可望大败而逃。

这一战，孙可望输得很惨，可谓是兵败如山倒，他一直被李定国的军队追出贵州，逃至湖南，走投无路的他干脆投降了清廷，充当叛徒，折返身来带清军进攻云南。

永历帝进驻昆明后，云南边疆一带的人心受到了极大的鼓舞，“天子”坐镇，被灭掉的大明王朝即将有恢复的希望，一些士民争相传颂。远在鸡足山的担当听到消息后也掩饰不住内心的高兴，以前自己曾想从云南带兵去为朝廷效力，却不幸所投非人，落得个逃禅山林，蛰居山寺。这在他心中是极不情愿的，“暂时虽俯首，龌龊岂能久。驹兮驹兮且待时，千里万里未可知。”说到底，他仍割舍不掉为残明效力的想法。

永历帝的到来，就像一粒火种再次点燃他心中已熄灭的烈火，他不用出省投奔了，现在皇帝就在昆明，离自已是多么的近！上天安排的机会又一次出现在他面前！欣喜之余，他便欣然手绘“太平有象”图，表达自己的所想，他觉得有希望了，他盼望的太平世界即将来啦！

那么，世事真如担当的希望吗？永历帝真能在云南建一个太平的明王朝吗？

永历帝还未喘上几口气，安享一下平定的生活，1658年，清军派出了以平西王吴三桂为首、洪承畴和赵布泰为辅助的三路大军大举南下，开始进攻云南。

三路清军分别从四川、湖南、广西进攻，气势汹汹，形成合围的态势，一路上攻城略地势若破竹。南明守军在前线节节败退。同年五月，三路清军会师贵州，南明之地重庆、贵阳、广西大部分落入清军手中。同年十一月中旬，清军前锋开始向云南边境发起攻击。

李定国率明军在云贵交界处进行抵抗，但是仍不能阻挡清军进攻的步伐。

无奈之下，李定国撤回昆明。经过和永历帝商议，迅速做出了向西北逃往四川的决定。后来在一些大臣的建议下又决定西逃永昌府（今保山）。

十二月十五日，永历帝和他的文武官员及兵士仓皇逃离昆明。有一些老百姓也纷纷随永历帝西逃。完全是一场毫无章法的撤退，队伍杂乱缓慢，前军已到了安宁，后面的军队还在昆明。

二十一日，没有对清军做有效的抵抗，李定国也随着撤出了昆明，向永历帝靠拢。

1659 年正月初三，清军没有损失一兵一卒，轻松进占了昆明。而此时永历帝还在大理境内，第二天才逃到永昌府。一路上，很多大臣因为临时改变撤退路线，非常不满。跟着永历帝逃跑了几天后，路途的艰辛，对今后的迷惘，一些大臣就悄悄地脱离队伍，开小差逃跑了。其中，有一个著名的左都御史钱邦芑，当队伍行至大理永平时，他便更名换装逃进鸡足山为僧，成为著名的大错和尚。

李定国身兼南明最高统帅之职，断后和抵挡清军的职能必须由他来担当。逃离昆明后，他的队伍和永历帝都保持着一定的距离，这是他作为战略上的考虑，永历帝不在身边，这样方便他和清军作战时，不被束缚着手脚和分心。所以为保永历帝万无一失，他指派了自己的亲信平阳侯靳统武及沐天波护送永历帝。然而，就是这一举措也让他错过了追上永历帝的机会，注定他和永历帝再也会不了师，这一决定让他后来追悔莫及。

南明残军一路逃亡，沿途很多士兵在逃跑中开了小差，队伍搞得人心惶惶，显得有些溃不成军的样子，让李定国很是恼火。

当清军在吴三桂的指挥下如影随形地追赶到腾越州（今腾冲）时，李定国决定抓住清军冒进的机会，在怒江以西的一个叫磨盘山的险要地段设伏，利用清军骄兵轻进的麻痹思想，给清军当头一击，打一下清军的嚣张气焰。

李定国的设伏计划安排得非常周密，他命令兵士在磨盘山的山道上埋伏，一共设了三道埋伏，还在山谷中埋了很多的地雷。并约定，清军全部进入伏击圈后，第一道伏击士兵发起攻击，然后引爆地雷，第二、第三道伏击士兵发起攻击，三路军队前后夹击，就能全歼来犯之敌。

李定国的士兵刚刚埋伏好不久，吴三桂的追兵先头部队就进入了伏击圈。正当一场灭顶之灾即将降临到他们头上时，战场却发生了戏剧性的变化，南明阵营这边的光禄寺少卿卢桂生倒戈投敌，把李定国的埋伏计划合盘密报给了吴三桂。惊吓出一身冷汗的吴三桂急忙命令进入伏击圈的前锋清军迅速撤退，边撤边剿杀藏在草丛里的伏兵。南明伏兵的伤亡惨重。

这边指挥第一道伏兵的李定国部将窦名望看到情况有变，忙下令鸣炮出战，第二、第三伏的南明伏兵也跟着鸣炮出战。两边在磨盘山上展开了一场恶战。坐守山头指挥全局的李定国也发现伏击号炮不对，知道战况有变，立即派出援军，向清军发起攻击。一时间，磨盘山成了人间地狱。清军的固山额真沙布阵亡，全线溃退，吃到了进入云南以来最大的败仗。李定国虽赢了这一仗，但也元气大伤，兵马损失惨重，他已不能再有力量固守腾越州，只得率军队退往孟定修整。

当李定国正在磨盘山和清军大战时，闻风而逃的永历帝，却鞋底抹油一路狂奔跑入缅甸。

缅甸国王虽然接受了永历帝，但是对待永历帝一行却非常傲慢，安排永历帝及随行的一干人等在缅甸的都城阿瓦城郊居住。

1660 年八月，清廷采纳了吴三桂的主意，同意其出兵缅甸，欲擒获永历帝，从而进一步消灭南明的残余军队。

清军一路南行，沿途征讨南明在云南滇西活动的残军，进度非常缓慢，战火一直持续到 1661 年。吴三桂的举动正是听从了洪承畴为他出的如何在云南站稳的主意："不可以使云南一日无事。"

1661年四月的一天。

位于大理和永昌（今保山）交界的霁虹桥。

这里是横跨澜沧江通向永昌和腾越州的天堑，两山夹峙，石壁高耸。原来，在波涛翻滚的澜沧江上，用数根铁索相连通后铺上木板，称为铁索桥，可谓天险之桥，一夫当关万夫莫开。自古就是兵家必争之要地。

然而，如今这里却是人喊马嘶，一片兵荒马乱的局面。一年前，永历帝等人经过霁虹桥逃亡永昌时，为阻挡清军立即把霁虹铁索桥烧毁，企图以天险来阻挡清军的步伐，辎重粮草运不过去，而追击的清军坐渡船渡过了江继续追赶，目的实现了一半，暂时减缓了清军的进攻的步伐。

现在，铁索桥已被清军重新修复，从这里源源不断地往缅甸前线运送粮草和军队，对于这样的咽喉要道，为防止再度遭到破坏，目前已派了重兵层层把守。

此时，担当刚刚过了永平县城，向霁虹桥方向走来。

一路上有难民沿途乞讨，还有一队队的清军队伍开过。滇西一带一片烽火连天的景象。

担当手拄一根竹杖，身着皂色僧衣，头戴一顶遮阳草帽，身背一个包袱，一副行脚僧的模样。一路走，一路向村民打听最新的战况。“近一段时间，往永昌方向开过了很多的清兵，听说是要去征讨缅甸。”一村民告诉他道。

担当听了此消息后，立即加快了脚步。

从鸡足山下来已有几天了。

因为传到山上的消息很不完整，当他确定永历帝真的来到滇西，还往永昌方向去了，在山上高卧的他就一刻都坐不住了。自己虽然已伴青灯古佛，但仍为永历王朝的命运时时揪心，巴不得自己即刻走到永历帝的身边，尽一点作为大明臣子的微薄之力。永历帝被吴三桂追击一路西窜，皇帝受难，自己更是寝食不安，他必须要下山去，为大明效命。

担当叮嘱了侄子把茅和徒弟广厦，自己要下山转一转，出去游览，嘱咐他们看守好宝莲庵。把茅和广厦都知道担当经常下山云游访友，也没有深究他的目的。

于是他以一个行脚僧的身份，匆匆下山来，他要参加到永历帝的队伍中去，追随皇帝，哪怕成为其中的一名小兵自己也心甘情愿。

然而，当他一路走来时，路上都是清兵横行，这些如狼似虎的清兵在沿路上烧杀抢掠，当地百姓苦不堪言。好在担当是一个和尚，清兵也不太在意他，让他能够一路走来并没有出任何差错。

但是，从大理永平县出来往永昌方向走时，清兵的盘查越来越严了。特别是当他沿着博南山的博南古道准备过霁虹桥继续向永昌走去时，他遇到了盘查。

“战事紧急，为防敌细作，霁虹桥已不许人过，请回吧。”在离霁虹桥不远的关卡，几个凶恶的清兵用手中的长枪挡住了他的去路。

“阿弥陀佛，我本是行脚的僧人，想回永昌府的寺庙，请各位行个方便。”担当双手合十说道。

“为防永历帝的奸细，目前任何人都不能通过。老和尚不要废话，不要为自己找麻烦，快走吧。”

“我是出家之人，方外之人，从外归来，要回寺院，你们行个方便让我过一下吧。”

“快点走开，快点走，少惹麻烦。”

当他听到清兵严厉的呵斥声，长枪在自己的眼前晃来晃去，他的步伐就显得格外的沉重，眼看过了霁虹桥，就有机会追到皇帝了，可是澜沧江天险却成了一道不可逾越的鸿沟，让他胸中的火焰又一次被浇灭。

上天真的对他太残酷了，就是自己想对永历帝尽一次忠的机会都不给啊！

担当欲哭无泪。他慢慢地回到现实中来，昏钝的头脑得到渐渐清醒，他在博南古道上徘徊了很久很久，最后对这苍天长叹了一口气，才缓缓地返身往回走去，万般无奈的担当只有折返鸡足山，在山上关注山下的争斗，并遥祝永历帝平安。

他的身影曾出现在历史的岔道上，留下了一抹剪影，一座霁虹桥阻挡了他的脚步，但也在他的后半生的命运中起到了关键的作用。

1661年十二月初，清军的前锋已逼近了缅甸的阿瓦。

面对强国的大兵压境，缅甸国王早已坐卧不安，吓破了胆，国王决定把永历帝交给清军，免遭刀兵之苦。

此时的永历帝，已经没有几个人在他身边守卫了。半年前，缅甸国王的弟弟莽白发动宫廷政变，杀死老国王后自立为王。他登基后永历帝君臣认为他的来历不正，就没有去朝贺他，新缅王于是对此怀恨在心。他想了个办法来消灭永历帝身边的大臣。他派人通知永历帝身边的大臣渡江议事，并称要和众大臣喝咒水盟誓，借此表明没有异心，当永历帝身边以沐天波为首的数十名官员前往梗之堵波焰塔准备喝咒水时，遭到围攻。新缅王要求兵丁不要伤害沐天波，但沐天波发现上当后，奋勇当先和缅兵搏斗，在杀了缅兵九人之后被缅兵杀死。其余大臣们也纷纷被杀。永历帝的住所也遭到了抢劫。这就是历史上的“咒水之难”。咒水之难后，永历帝真成了孤家寡人了，身边仅有几个丑陋的宫女和一个跛脚的总兵邓凯。

十二月初二下午，一队缅兵冲进永历的住地，说：“清军已攻到此处，我们正要抵挡，请大明皇帝迅速转移。”缅兵便动手把永历帝抬起就走，其随行人员也被押走。直接就把永历帝送交给吴三桂。有记载记录了永历帝见到吴三桂的对话：

永历帝斥责道：你不是汉人吗？你不是大明臣子吗？为何甘为汉奸叛国，负君若此？你自问你的良心安在？

吴三桂三缄其口，伏在地上就像一个死人。

永历帝啐道：现在已经完了，我是北京人，要回去见到十二陵而死，你能为我完成这个任务吗？

吴三桂说：我能够完成。

永历帝命令吴离开，三桂伏在地上不能爬起，左右随从忙上前将他扶起来搀出去，他色如死灰，汗流浃背，自后不再敢见永历帝。

1662年三月十三日，永历帝和他的眷属被押到昆明。本应押往京城献俘，但吴三桂左思右想之下，以云南到北京路途遥远唯恐有变为由，奏请清廷就地处决。清廷批准了他的请求。

吴三桂便于四月二十五日，用弓弦把永历帝勒死在昆明篦子坡的金蝉寺，一代逃跑的南明皇帝，他再也跑不了了。

远在孟定的李定国听到这个消息后，悲愤不已，口吐鲜血，从此后一病不起，不久也去世了。

当担当在鸡足山听到永历帝被害的消息后，对他的打击也是毁灭性的，最后的希望和念想已经破灭了！他显得更痛苦和无奈，好了，好了，好了！他再也不用为谁担忧了，也不用再为谁卖力了，这一次是彻彻底底地一了百了啦！

担当从宝莲庵中走出来，站在鸡山之巅，百感交集，久久站立不动！

他心里知道，自己今后的生活便是青灯伴古佛，蛰居深山寺。

面向着昆明的方向，他眼里含着泪水，在山之巅静默良久，良久！他走回宝莲庵，借着被山风吹得摇摇欲灭的烛火，挥笔写下：

去年行脚欲傍君，
道上羽檄愁纷纷。
今年风鹤仍复尔，
凄惨目击非耳闻。

他又一次觉得自已是如此的无能，是如此的不堪，自己唯一能做到的是，用自己的诗记录下此刻的心情，别的，什么也管不了了。

结昆明池社

万念俱灰的担当开始了另外一种生活。

和朋友交往是担当生活的另外的重要组成部分。

他在鸡足山隐居修行时，就不断有人慕名而来拜访他。他也很随和，不管是平民百姓，还是乡绅官僚、游方僧侣，他都不回避，一同谈论诗歌，探讨绘画，遇到谈得来的人，还陪同登鸡足山，做一回导游。他吟道：

好山多更幽，
一上一层秋。

但去莫回顾，
何曾有尽头。
林间狮子吼，
梯上猢狲愁。
欲问拈花意，
霜钟吟石楼。

有时，担当下鸡足山出游滇西一带的洱源、巍山、鹤庆和丽江，在游览风景的同时，他也常去会当地的朋友。

担当留下的诗集中有关和朋友交往的诗歌非常多，字里行间记录和朋友交往的点点滴滴，流露出他的真情：见不到朋友的思念之情，见到朋友的喜悦之情，和朋友离别时的不舍之情，替朋友着想的侠义之情……让人感受到担当对朋友的古道热肠。

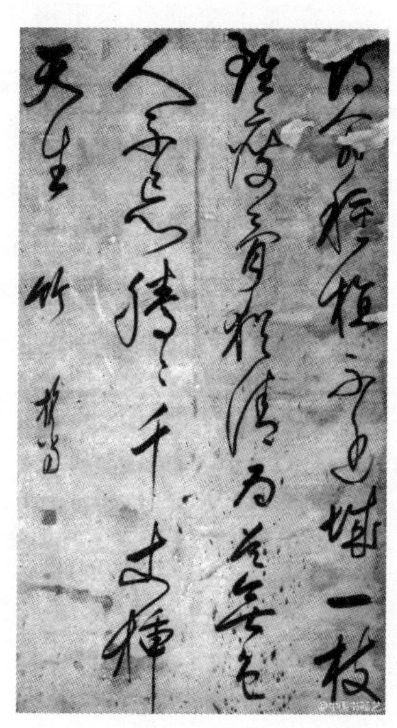
担当书法

在这个过程之中，渐渐就形成了以他为中心的朋友群。先后和他交往的朋友较为熟悉的有也是从永历帝那里逃出的汪蛟、洱源的何蔚文、巍山的陈佐才、剑川的杨云飞、浙江的冯甦、贵州人万耜庵、鹤阳太守张圣草等人，都是经常往来的朋友。

他们久闻担当之名，有的不远千里，来鸡足山拜望担当，只为结识。哪怕只是坐坐，说上几句话，这些人就很满足，都觉得值了，路途再辛苦，都愿意来。

担当本身是一个随和之人，当看到朋友来拜望他，他就为朋友担心路上难走，有强盗、有风雨、有风雪，他时时为朋友的行程而揪心，一两年不见的朋友，他常常挂在心上，在对待朋友上，他根本不像一个身在方外一了百了的和尚。

在那个交通和通讯极不发达的时代，在那个动乱的改朝换代的岁月里，友情是一剂最好的疗伤良药。因此，大家更加看中友情。朋友在一起是大家奢求的事。

再没有国家归谁的牵挂，自己五个女儿也都成了家，更无小家的牵挂，大家都以为他从此只专心做和尚。

然而，令人诧异的是他绝口不谈禅，也闭口不谈国事，只和朋友谈诗、谈画、谈哪里的风光好、哪里的茶叶香。他写了一首著名的《茶花诗》：

冷艳争春喜灿然，
山茶按谱甲于滇。
树头万朵齐吞火，
残雪烧红半个天。

诗直白如话，意境却又高远深邃，充满画面感。

他除了在宝莲庵阅藏外，很多的时间都花在和朋友的迎来送往上。

因为有共同的爱好，共同的语言，共同的志趣，由担当提议，组成一个社团名叫“昆明池社”。

昆明池社其实就是一群滇西文人自发式的集会。他们主要就是在一起交流，切磋诗文、绘画，或者谈谈书法、下下棋，在一个相对自由的地方，自由地畅谈。

集会的地点不定，或相约在哪个风景名胜，或者在哪个社友家中，或者在哪个官署中。

一天，许子羽相召和诸位社友在一起，担当这样记录：

傲骨难拥可奈何，
结庐深处锁烟萝。
尊前剩日常嫌少，
枕上佳山不厌多。
睥睨定追豪士魂，
推敲亦是老僧魂。
明朝共挺支筇手，
敢保人间水不波。

在一个重阳佳节，他们又相会在一起，可惜这天还下了小雨，看不见阳光和月亮，担当这样描述：

小雨偏能妒落晖，
重阳怀抱已全非。
登高作赋谁能者，
平地无梯有翠微。

十月深秋，在《同诸社友园林即事》中，担当这样吟道：

一亭幽绝竹篱偏，
池水将枯未种莲。
梦蝶影空花已落，
啼鸠声古树苍然。
床头宿瓮重阳酒，
帐底围炉十月天。
尔我不须分出处，
但知小歇即神仙。

他们游览了洱源县茈碧湖后，登上标山楚云阁，担当诗兴大发，这样写道：

载酒凌虚指浪穹，
扬帆罢谷访仙翁。
四山欲雨云头黑，
九气成霞日角红。

张乐虽非洞庭野，
寻源已到蒲陀崆。
世尘攘攘今涤尽，
帝座高哉通未通。

昆明池社在滇西一带还有了些名气。

何蔚文是洱源人，永历丁酉举人，他是担当最好的朋友之一。在《独笑草小引》中，曾回忆自己和担当的交往："忆昔江南汪辰初宫詹，闽中许子羽舍人同寓洱河，与予唱和。其后诗僧担当往来更久，担亦滇人，尝与余言：'昆海我池，姑分洱河与尔洗笔'。一时间声气可谓不孤。"

他和陈佐才是多年的师生关系，早在昆明时他们就认识，陈佐才还帮担当脱险。陈佐才作诗好出奇语，他在《对月饮》中有诗句："饮干数杯酒，腹中有明月。"有一首乐府诗这样写道："龙老有老龙，凤小有小凤。"他的诗担当最为赞赏，时有夸奖。陈佐才时常追随着担当，是昆明池社中最有特点的人。陈佐才到了晚年的时候，他在山中选一巨大的石头，凿石为一棺材，并写自挽诗："明末孤臣，死不改节。埋在石中，日炼精魂。雨泣风号，常为吊客。"是明朝遗民思想的典型代表。到他七十岁去世后，子孙按照他的要求，把他葬在石棺里。至今仍存巍山。

后来担当搬到感通寺居住后，此社团中心也随着转移到了感通寺，依旧有声有色。担当在一首名为《余在苍山下徐石公从永昌来入昆明池社中喜赋》中这样说：

曲高和寡迥难攀，
结社昆池放我闲。
僧病不归金马寺，
客游常绕玉龙关。
纵横词赋千秋下，
想象旌旗一水间。
不是汉时门卒懒
乞骸还得老苍山。

这首诗写出了自己结社后的情况，和自己今后的打算。

鸡足山联句

“舅舅，我要去啦，你们慢慢吃吧。”刚放下碗，把茅和尚对正在吃饭的担当和广厦说道。

“你又要去找大错他们吗？”担当问道。

“是的，我们为了写《鸡足山志》，这段时间差不多都把鸡足山都走遍啦。”把茅说道。

“一直听说，大错受邀写《鸡足山志》，他还找你做什么？”担当问道。

“今年春天，澜沧兵道曹延生曹大人来鸡足山巡查，向山中的和尚索要志书看，接待他的众和尚张口结舌，说没有。曹大人说，此山乃迦叶道场，与五台山、峨眉山、普陀山、九华山并称，却没有志书，使游览的人和考古的人无从问津，那不成了我们的罪过！第二天，曹大人就率领众僧找到号称“江东大儒”的大错和尚，恳请大错和尚能修一本《鸡足山志》。经再三请求，大错才答应下来。大错就找了眼藏、仙陀、中也、德音和我帮忙。”把茅说道。

“不知道现在编写到哪里啦？”担当问道。

“我们几人都分了工，我跑的是洞窟的统计，最后都交给大错师父汇总。”把茅说道。

“好嘛，做这事你还真上了心，一天到晚到处乱跑。”

“不跑怎么行呢，鸡足山现在差的就是一本志书，外来的人要了解鸡足山过去，也没有几个人能说得清，有了志书就不同。大错师傅说啦，我们修志是一个很大的善举啊。”

“善举！善举！我跟你说的事情你考虑得怎么样了？”担当问道。

“知道啦，朱氏仅有我一脉单传，我应早日还俗，以延续香火，这话你已说了好几遍啦。”把茅说道。

“这么重要的事，不能拖延，你要快点还俗回昆。”担当说道。

“这事，等我随大错师傅把《鸡足山志》修完再说吧。”把茅说道。

“一天就知道修志，修志，就不干别的事啦。”担当一声叹息。

“当然啦，舅舅你不知道，修志虽然辛苦，但其中有很多的乐趣，本来大错师傅要来请你一起修志的……”把茅欲言又止，接着说道，“但又怕你不答应……”

“好啦，你不是要去修志吗，还不快去！不要耽误了。”担当打断了把茅和尚的话，催把茅快点动身。

见舅舅一提帮大错修志就不应和，把茅和尚只得匆匆走了。

担当一个人在宝莲庵罔错斋喝着茶。徒弟广厦在一旁收拾碗筷，他做什么手脚都很轻，做完事后自己在一旁静静地看佛经，除非担当叫他，他才过来。

担当心中想着事，关于他和大错和尚。对于大错和尚，曾经见过几次面，虽互打了招呼，但没有更深的交往。担当知道，大错从来到鸡足山后，自诩文为第一，从骨子里有些看不起担当，甚至还以自已是大明正统官员出身，对有叛乱之嫌的担当投去轻蔑的眼光。但担当习以为常，毫不在意，还是以礼相待。

大错原名叫钱邦芑，镇江人，早在南明隆武时，他就当上监察御史。随着南明政权的几次更迭，他也辗转其中。当永历帝抵达贵州安龙时，他被任命为贵州巡抚。孙可望看他有才，想拉拢他，便要授他更高的官职，他却抵死也不接受，还带着手下几个人离开，隐居到余庆县蒲村，又在他山之下疏挖柳湖，柳湖有上百亩，湖中有很多的泉眼，湖水清澈，湖边有数百棵柳树。钱邦芑在湖边建房居住，起名为“小钱塘”。于是，四方隐居的人闻名而来，和他一起吟诗作对，还和其他人士一起讲学，生活过得很舒适。在这段时间里，孙可望曾派人召他到身边做官，连召了十三次，他都不为所动。

这一年的二月二十三日，是钱邦芑的生日，余庆县令邹秉浩，借祝寿之机，又将孙可望的命令向他转达，还说了些不去应召就要被降罪等威胁的话。被逼无奈的他第二天就削发为僧，号大错，改他所居住的地方叫“小年庵”，他手下十一人也追随他一同出家。

钱邦芑虽然出了家，但使得孙可望对他更加愤怒，并派人把他抓了起来，押解到贵阳并关押在大兴寺中。

后来，李定国前来接被软禁于安龙的永历帝，并和孙可望大战一通，最终赶跑了孙可望，钱邦芑才得以脱身，他便一路追随永历帝到昆明，被授左副都御史，兼云南巡抚。

然而，钱邦芑在永历朝廷却不得志。在短暂的永历朝廷任职期间，他的狂傲性格得罪了一些人。因此，他在朝廷上的谏言都不受采用，搞得他郁郁寡欢，时有怀才不遇之感。

等到清军大举进攻云南，永历帝一行西逃时，钱邦芑也跟在队伍之中，仓皇而走。越往西走，他对前途更是迷惘，当逃跑队伍到达大理永平时，他悄悄地离开了队伍，迈着散乱的步伐离开了永历帝，一路打听着来到鸡足山，住在片云居，又恢复了他往日的性格，每日以诗文自娱，成了一个名副其实的“逃禅”。

对修《鸡足山志》，大错非常尽力，全身心投入，这赢得了鸡足山众僧的赞誉。

这一天傍晚，把茅和尚来告诉担当，《鸡足山志》已经修完了，大错和尚要他来请担当第二天去山顶四观峰去庆贺一番。

“还请了谁啊？”担当问道。

“还请了山中的一些高僧和名士，像学蕴、古道、古笑、张瑞扬，李如楠等，他认为有点才的。”把茅说道。

担当也没有回绝，自己的朋友徐霞客到死都没有修出山志，留下了遗憾，也想去看看新修的《鸡足山志》怎么样。

第二天一早，担当在把茅的陪同下，走出宝莲庵，向着鸡足山山顶走去。

他们一路走来，过了大乘、大士、牟尼、万寿等诸庵，西北上为大觉寺，上坡过了响雪桥就到了寂光寺，转西北上，到了胜峰寺，顺着鸡足古道向上走来，往上再走就到了慧灯庵。过了慧灯庵，往上的路就更加难走了，继续往上，山路直上直下的碎石阶相杂着土路，大约走了三里左右的路程，就来到了迦叶寺，此时将近中午，他们就在迦叶寺稍作休息，喝点山泉，吃些干粮。

这时，只见学蕴也从山路上走来，看见担当等人忙上前见礼。担当等学蕴休息一会儿，便相约着往金顶走去。

他们由李罗二先生坊上，往上走到了仰高亭，再上行到了真武祠，旁有真武阁，又往上走就到了兜率庵，两旁山壁陡峭，石壁上开凿的小道着实难走，担当手拄拐杖，在侄儿的搀扶下，艰难前行。

好容易抵达铜瓦殿，几个人早已汗流浃背，就在铜瓦殿再休息了片刻。他们接着往上走，来到铜瓦殿后的猢狲梯。猢狲梯是一段山壁，山壁上的石片鳞突，手脚攀爬可以借用，人往上爬要小心翼翼，稍有不慎，便会跌落万丈深谷。过了猢狲梯，路过大悲阁、三天门，便来到了鸡足山的山顶，当时称为四观峰，顶上建有城墙，城内有金殿，后有佛殿。站在城中高处，可以眺望丽江雪山，西望点苍十九峰和洱海，风景壮美。

当担当几个人来到山顶时，大错、眼藏、仙陀、中也、德音、古道、古笑等僧人早已在山顶等着了。

大错见担当上来，就走过来见了礼，说道："今天难得你老赏光，亲自爬到峰顶，大错实在感怀。"话语中有傲气，但还是透露出真情感谢之意。

担当说道："错师为鸡山做了件大好事，老衲怎不来祝贺一番呢。"

"哈哈哈，难得担公如此夸奖，惭愧呀。"大错显出得意之情。

大家互相见过礼，说些闲话。在等了一个多时辰左右，张瑞扬和李如楠两人也先后上来。

看看人都来齐，大错便引大家来到后面的佛殿，只见佛殿的案桌上，齐齐地摆着几册手写本，用黄绢覆盖。大错揭开黄绢，书封上手书“鸡足山志”，正是他们费时半年多修出的山志。

担当拿起一册来看，志书分为十卷，并有指掌图，叙述虽简，但也齐备，也算首纂山志。大家纷纷向大错等人道贺，大错脸上露出得意之情，说了些谦虚的话。

由于人多，佛殿狭小，相谈不便，大家便出得佛殿，坐在四观峰顶，僧人端上茶来，大家边喝边谈。

此时已到了下午，太阳渐渐西走，鸡足山顶山风微吹，日光照在身上并不热，举目远眺，鸡足山碧翠欲滴，四围山色美不胜收，身处山顶，恍若在天上，大家都显得心情舒畅。

“今日我完成了曹大人之托，为鸡足山立了志，也算是了了一桩心愿，甚为欣慰。”大错和尚说：“今日特邀山中几位高僧能人，来见证山志写成，不胜感激。”

大错和尚接着说：“在山顶看到如此美景，大家难道不想吟咏一番，也不辜负大家辛苦攀爬一场，留作纪念呢？”

“那我们何不各人出句，也以鸡足山为题，联诗一首如何？”担当出言道。

“担当师之言正合本意，那我就不才先出首句，大家谁想好了就可顺次联句。”大错和尚接说。

“飞锡凌空到上方”，大错随口说出第一句。

“群峰踞列俯苍茫”，张瑞扬快人快语，说完后向大家一拱手。

“萝阴幕历笼丹嶂”，李如楠不甘示弱。

“塔影参差挂石梁”，担当吟出一句。

“踏雪无痕过雪岭”，学蕴紧随担当之后，也出句。

“传心有印吐心香”，仙陀也跟着吟出。

“松涛高下连云壑”，眼藏吟出一句。

“花雨缤纷绕画廊”，古道吟道。

“未到已知灵鹫似”，把茅和尚自知小辈，便出句在后一些。

“初来不许大罗狂”，古笑吟道。

“铎铃以下趋南诏”，大错吟道。

“几案之间驻点苍”，张瑞扬又接句。

“分野辉煌躔井度”，李如楠接句。

“地形蟠伏控诸羌”，担当接句。

“崩腾瀑布分晴雨”，学蕴接句。

“登降天门望佛光”，仙陀接句。

“紫气拥幢疑缅甸”，眼藏接句。

“江流如带是兰苍”，古道接句。

“林高狮子室尤静”，把茅接句。

“洞隐玄关过不遑”，古笑接句。

“礼佛台荒苔影绿”，大错吟道。

“洗心桥古土脂黄”，张瑞扬又接句。

“悬泉细喷成珠沫”，李如楠接句。

"怪石雄奔尽激昂"，担当接句。

"啸引飓风吹碧落"，学蕴接句。

"汗成霖澍倒银黄"，仙陀接句。

"朝看暾旭金盘涌"，眼藏接句。

"暮揽晴岚玉带妆"，古道接句。

"森列三峰霾虎豹"，把茅接句。

"庄严八寺炫琳琅"，古笑接句。

"百千万劫华首闭"，大错吟道。

"七十二潭龙蜃藏"，张瑞扬又接句。

"名句推敲还拟谢"，李如楠接句。

"高怀磊落定追唐"，担当接句。

"猢狲踏断梯边雾"，学蕴接句。

"罗江萦回壁上霜"，仙陀接句。

"冰柱冻穿新客枕"，眼藏接句。

"烟容缭绕旧禅房"，古道接句。

"遥观有水皆如练"，把茅接句。

"近拟无山不入囊"，古笑接句。

"万里御风清佩泠"，学蕴接句。

"千峰排戟晓烟长"，仙陀接句。

"翻瓢乱泻黄河水"，大错吟道。

"点墨斜添云汉章"，张瑞扬接句。

"星斗摘扪无不可"，李如楠接句。

"昆仑飞跨亦何妨"，担当接句。

"翱翔已觉临蓬岛"，学蕴接句。

“指顾何难揽要荒”，仙陀接句。

“呼吸此时通帝座”，眼藏接句。

“袈裟昨夜剪霞裳”，古道接句。

“胜游雅集千秋事”，把茅接句。

“歌咏流连妒夕阳”。古笑收句。

古笑的话音刚落，吟诗的人都相视大笑，旁观者都为此次难得的鸡足山联句纷纷鼓掌，那么多的文人为鸡足山集体创作诗歌乃千古盛事。

这是发生在1660年的事。两年之后的五月，当还在鸡足山的大错听到永历帝在昆明惨遭吴三桂害死后，痛哭不已，一路哭着离开了鸡足山，他一路行脚到了湖南衡山，便隐居在此十多年，最后病死于此。

把茅和尚也在担当的催促之下，还了俗，恢复了朱昂的俗名，并回到了昆明，为被灭了门的朱家延续香火，暂且不表。

担当依旧和徒弟广厦住在鸡足山的宝莲庵里，继续他的隐居生活。

晚归感通寺写韵楼

“担当老，担当老，足健而跛，目健而眇。口似钳弓，手如鹰爪。须弥非大，芥子非小。好则也好，了则未了，法席掀翻，禅床推倒，且在粪堆里打眠，漆桶中洗澡。视富贵若避冤仇，见烟霞如获至宝。本来面目，有甚奇巧？莫与人知须悄悄。渴来时，茶一瓯，饿来时，饭一饱。不担不得，担之不甚草草。漫言结社参禅，且学敲门贾岛。”

——担当《自赞》

重修写韵楼

清顺治十八年，也就是1661年，在云南滇西重镇的大理叶榆城（今大理古城），当地士民都听说，在叶榆城外的感通寺,原来住过杨升庵杨状元的地方,来了一老和尚，身为和尚却没有和尚的样子，他一不参禅，二不上堂讲经，还到处去游山玩水，人长得鹤发童颜，他为人非常随和，还很容易说话。当地的人，从叶榆城的最高官员到当地名士，都纷纷去拜访他，向他索要书画，他从不回绝。一时间，感通寺的山路上，人多了起来，还有一些平民也去感通寺见过了老和尚，他有问必答。倒是跟随他的那个徒弟对人显得很冷淡，随时板着个脸孔替师傅回绝客人的请求。

然而，师傅却依然和士民们都说得来话，有求书画的，他忙得过来，都尽量满足。

这师徒就是担当和尚和他的徒弟广厦。

担当和徒弟广厦搬离鸡足山，来到叶榆城外的感通寺居住，已经一段时间了。

在鸡足山住得好好的，担当为何要搬到感通寺呢？

担当近些年，都在滇西大理一带游历，在担当经常来往于鸡足山和叶榆城之间时,有个地方是他必然要去的，那就是叶榆城外的班山感通寺，因为那是行脚僧人到大理经常落脚的地方，同时也因为那里因一个人的到来而变得名声大振，这是吸引担当去流连去瞻仰，这个人就是担当心中的偶像——杨升庵杨状元。

这话还得从明朝嘉靖年间说起，当时被贬到云南保山的杨升庵，到大理后，受到了当地文人李元阳的热情接待，李元阳带着杨升庵游览大理各处景点，当来到感通寺时，杨升庵非常喜欢此地的幽静，便在寺中住下，到了晚上，他在居住的阁楼之上听寺里的和尚上晚课念经，都是南方口音，字音多讹，显得遗憾。于是在李元阳的请求下，请杨升庵来一一纠正读音。杨升庵就住在感通寺的这间阁楼之上，一住就是二十多天，书转注之例约千余字，著《转注古音》一书。临离开时，李元阳为他所住的阁楼题名为“写韵楼”。从此，感通寺名声远播，一些来大理的游客和流放之人及游僧都要到感通寺瞻仰杨升庵的遗迹，还把此当作住宿之地。

担当也不例外，从小时候骨子里就敬仰杨升庵，他一生崇拜的偶像就是杨升庵。他每到叶榆城，都要住到感通寺，甚至要挂单多日。便逐渐和当地的僧俗非常熟悉，特别是和感通寺的地主王公、当地人赵炳龙等有了交往，才渐渐熟悉了感通寺的历史。

明代，感通寺很有名气。明初，主持无极禅师曾到南京朝拜过朱元璋，并带去了白马一匹、龙女花一株，朱元璋接见时正值马嘶花放，朱元璋非常高兴，亲自赠诗给无极禅师，并封了无极很高的宗教职务。无极禅师回来后，大修寺院，并把明太祖和诸大臣唱和的诗歌用石碑镌刻悬挂，一时间，感通寺名声大振。

自明初无极禅师开山以来，感通寺也经历了几毁几建。到了明朝成化年间，感通寺被全部损毁，当时的土官巡检董禄捐资重建，并买下它。后来又因故寺毁僧逃，到了董禄的后人孙辈董仪又重新修复，感通寺才又恢复原貌。又经历几多的变迁，到了崇祯年间，感通寺的田产被当地的一些豪强侵占，无人敢出来说话。董家的后人也没有能力出来维护,便将其出售给当地一个叫李天球的乡绅。李天球管了三年后，又将感通寺全部卖给曾做过白盐井提举的王公。王公接手后，花了很多银子修复寺庙。他仍然把它提供给过往的人居住，很有点像寓馆。被当地豪强吞没的寺产，经过榆城司叶索元过问，当地豪强只得还了出来。还有一些被董家私卖的田产，也在当地的乡绅的捐助下，全部购买回来，还是用作寺庙僧众的粮田。这样一来，感通寺成了一个来往大理的人常去的地方。

历尽磨难的感通寺虽然恢复了旧貌，甚至规模超过了以前，又有杨状元的写韵佳话，香火日盛。但是以寺主王公和何蔚文等为首的叶榆乡绅却觉得感通寺美中不足，就是差了一个德高望重的高僧来主持寺院，好像缺乏大得的威严，就缺乏厚重，有些镇不住，就好像没有灵魂。这个问题不解决，也会影响感通寺。

为此，众乡绅经过了多次协商，准备请一个高僧大德来主持。但是商量来商量去，也没有选出合适的人选。最后，经过何蔚文的推荐，大家才如梦初醒，这个人远在天边，近在眼前，担当不是最佳的人选吗？

大家一想，担当常常来往于鸡足山和大理等地，待人随和，又德高望重，大理乡绅以结交他为荣，请他来主持感通寺，完全是上上之策，再好不过了。

说办就办，在担当朋友何蔚文积极走动之下，把这个决定告诉了在鸡足山宝莲庵的担当。

会有人请他来叶榆城感通寺，担当没有想到，有些诧异。其实，这些年来，自己在鸡足山已经将近“十年阅藏，十年面壁”。对于鸡足山，他已有了深厚的感情，甚至自己有念头想终老于鸡足山算了。但是，自己的朋友多住在叶榆城的附近，每到大理古城，都会有朋友挽留他，要他不要再回偏远的鸡足山了，就在大理城附近居住，这些都被他婉言谢绝。鸡足山和大理城是他都难于割舍的地方。他还为此写了一首诗，来表达自己心中的想法：“几欲携藤访隐沦，游情懒慢几经春。不然久至鸡山顶，三塔钟声不放人。”

两边都好啊，鸡足灵山适于修行；感通寺更适合于居住，还有朋友的盛情相邀。但是，经过自己的权衡，鸡足山万事皆好，唯独有冬天是最难熬的。一到冬天，寒风凛冽，金顶积雪，寒冷无比，出行较为艰难。“冷到鸡山骨也销”是鸡足山气候的写照。随着年龄的增长，他真有点吃不消鸡足山寒冷。能够从偏远艰苦的鸡足山搬到苍山下的感通寺居住，对自已是好事。当然，能够到自己敬仰的文宗杨状元曾经住过的地方长住,也是极为不错的美事。

盛情难却，担当答应了叶榆城众乡绅的邀请，于1661年，他带着徒弟广厦等人离开鸡足山宝莲庵，正式入住感通寺，开始了他最后的人生阶段。

到感通寺后，他并没有当住持，而是把住持的职务交给他的徒弟广厦，自己只是请众乡绅重新修缮了当年杨升庵居住过的写韵楼，在这座三层高楼上，自己歌咏作画，倒也不错。

他曾用一首名为《班山》的诗来记录他搬到感通寺的情况，“退居入荒谷，非为孤陋营。幸有贤地主，高简薄世情。结茅苍山中，延我老此生。夙昔怀兹意，今始脱市城。日夕牛羊下，日出鸟鹊鸣。既已无伴侣，亦复无姓名。幽狎全其天，群纷寂然平。自分无忧乐，焉知有阴晴。珍重在即时，明日那不更。”

这首诗较为详细地记录了他搬到感通寺的生活，这里在城市之外，在山谷中，但和鸡足山的居住环境比较起来，这里已经是非常舒适，这里既靠近城市，又处于乡村和一些乡农为邻居，时常还可看到村民所养的牛羊夕归的景象。从这里到丽江、楚雄、洱源、鹤庆等地更加方便。

后人感通寺大雄宝殿有“状元写韵，名士参禅”的

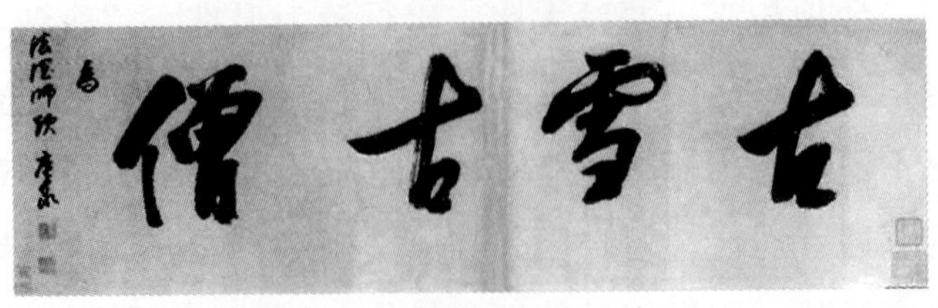

担当书法

联语，就是指杨升庵和担当。

担当传说与真实

在感通寺的生活，担当的晚年更加随意自然。

春来无日不狂游，
折得名花标满头，
一自为僧天放我，
而今七十尚风流。

该诗是担当晚年生活的自画像，春光之中，一个老和尚在头上标上些鲜花，到处游走，天真烂漫，没有僧人的半点庄重，也没有这个岁数老人的半点凝重，活脱脱的一个“老顽童”。

游玩伴随了担当的一生。纵观他的足迹，滇西的山山水水都留下了他的足迹，他说自己“有癖从来在翠微，但逢名胜杖如飞。要防独醒招人妒，痛饮山泉酩酊归”。

楚雄道中有他对一口甜水井的赞叹；牟定县衙的墙上有他对于深山古县衙门萧条的感叹；洱源的茈碧湖上留下他的咏叹；鹤庆遇到连续苦雨留下他的苦叹；石宝山顶的极目远眺的歌咏，苍山十九峰下和友人告别时的惆怅；他夸澜沧江铁桥的鬼斧神工，他赞玉龙雪山的雄伟壮丽……

这就是担当每到一地留给当地的，让当地人们津津乐道，都引以为豪地说道：“担当大师曾在我们这里，还留下墨宝和宝贝呢。”

关于担当在滇西行走留下了很多的传说。

“口袋豆腐”的传说——

说担当途经保山金鸡寺时，同样受到该寺僧众的盛情款待。用斋时吃到一块金鸡寺僧厨做的豆腐，发现质地细腻，然做工不精，口味不好，与豆腐的本质不相吻合。第二天遂亲手在金鸡寺做了一道奇怪的色佳味美的豆腐请僧众品尝,金鸡寺僧众一尝之后,色泽金黄,外面成豆腐袋、里面是豆浆，素淡可口，欣喜若狂，从不知道天下竟有如此可食可观的豆腐，寺中僧厨遂诚心拜求制作要领，学会了这道素菜——口袋豆腐的制作技术。第一步，选用质地饱满色泽金黄无瑕的大豆（黄豆），淘净用清水浸泡一宿发开，再用石磨磨成细糨糊，又用细棉布（俗称包袱）过滤成纯乳白色豆汁（俗称滤浆）装入大锅用武火煮沸，起出装入盆内。第二步，在盆内加入陈年浆水（洁净无油污的豆腐老水）或石膏水搅匀，待其翻花后装到木制方框内压成豆腐饼，用竹刀划成大小相称均匀的小方块入素油锅内炮炼至金黄色取出装入盆内，用滚开水和食用碱（或澄清的石灰水）浸泡一宿后即可加工食用。第三步，将煮用碱水脱去油脂的豆腐加入滚开锅中后加入胡椒、草果粉，先用大火煮沸后再用微火慢慢煮一阵，待豆腐里面融化成浆后再加入葱姜末、食盐及其他佐料又煮一会儿，出锅上桌即可享用。担当和尚走后，金鸡寺僧厨用口袋豆腐招待客人，深受来往客人喜爱，一直传到今天。

口袋豆腐的传说，在滇西一带流传甚广，当地人都言之凿凿说成是担当创造的。但苦于无文献的记载，只能存在疑惑。

丽江“雪麓”传说——

说担当曾到丽江游历，受到丽江土司的热情接待，并在雪山上为他建盖一处住所，名叫“雪麓”，现在在丽江还留有遗迹，当地牧人称那里叫“和尚睡觉处”。

其实，担当和丽江土司有交往，他和木增有笔墨之交，他还未出家、住在晋宁时就为木增的《山中逸趣》作序文，两人有书信来往。后来出了家的担当到丽江游玩时，木增已经去世，接待担当的应该是木增的儿子木懿，他热情地接待了担当，并留他住了很长的时间，为他建造了规模较大的雪麓居住。从担当留下的诗歌中，有一首名为《雪麓偶吟》：

风吹草色过金江，
日午才开屋后窗。
不为僧衣无叶补，
只因老雪果难降。

担当到过丽江，有居住雪麓一说，但至于雪麓的具体位置在哪里，还需进一步考证。

标山铁扁担的传说——

相传担当曾到洱源县标山白马寺当了一段时间的住持，临走留下了墨宝“剪一片白云作褥，留半轮明月看经”，还留下了铁扁担作为留念。担当在云南各所寺庙留下了很多的题词，这应不为奇，但留下铁扁担一说，确是有些奇异。

传说是对正史的另一种解说，传说越多，只能证明担当的旅游足迹遍地，担当在云南民间的影响力非常大。这样，传说肯定有穿凿附会，张冠李戴等成分，但我们在美丽的传说中，去粗取精之后，仔细甄别之后，依稀能够感受到担当大师生前的一些情况,他远去的身影更加明晰。

担当坐化

对于日常的生活，真如他的诗里是那么潇洒吗？他在七十三岁这样说道：“人生一游戏，我今七十三。忽忽往后退，日日为我愁。一年少一岁，我自觉心酸。世人罔知畏，褐短有贫贱。冢高无富贵，得便且沉酣……莫管明日事。”

七十六岁时，他完成了自己的第二本诗集《橛庵草》的编辑出版，他出家后的所写的诗都收在诗集里。

那么，不上堂讲经，不开口说法的担当真的没有佛心、不认真参禅了吗？其实不然。担当的佛在他的书法绘画中，担当的佛在他的诗歌中，在他的联语中，他虽不说法，但诗书画中却时时透出佛家的真谛。

他还明确指出自己的佛诗主张：

太白子美皆俗子，
知有神仙佛不齿。
千古诗中若无禅，
雅颂无颜国风死。
惟我创知风即禅，
今为绝代剖其传。
禅而无禅便是诗，
诗而无诗禅俨然。
从此作诗莫草草，
老僧要把诗魔扫。
哪怕眼枯须皓皓，
一生操觚壮而老。
不知活句非至宝，
吁嗟至宝声韵长。
洪钟扣罢独泱泱，
君不见，严沧浪。

——《诗禅篇》

自出家以后，他除了诗书画外，其在心里开始酝酿“拈花颂”的创作，“拈花颂”对他来说是自己对佛法的诠释，是检验他在水目山、鸡足山和感通寺二十多年的感悟，在他看来是何等的重要。他说："自揣犹有理障，未敢唐突示人。窃尝以拈花颂一则，辩验禅德。余由六十至七十，不能作此一颂，又由七十至八十，亦不能作此一颂，幸才交八十一，一日能作数颂，未数日即得若干首。先难后获，余亦不知……"

担当的"拈花颂"是何等的文字呢？其实是担当的参禅悟道之作：

世尊拈花，迦叶微笑。

世尊空未空，迦叶色无色。分明一座灵山，具老衲来墨。

人天未集，连花也无。一拈一笑，磕损葫芦。

世尊从从容容，迦叶孜孜切切。不在腹中开窗，早已顶门著契。

拈来一朵好谁看，笑脸才开春已阑，那得尚存空劫在，眼皮迸绽不相干。

拈无所拈，笑无所笑。神箭虽是藏锋，宝刀早已出鞘。

世尊寂然，迦叶蔼然。虽在威音那畔，何如空却以前。

认作是花，已捋眼换。无根树，生枝蔓。灵山有会即时散，可叹可叹！知过鹙子，也另窥得一半。

世尊半斤，迦叶八两。握折定盘星，方才知

痛痒。

世尊拈花，疾如弹指，迦叶破颜，剑去久矣。

拈而难放，笑而难收。何似人天无气息，不风流处也风流。

用手拈浑然不露，闭口笑瞥尔皆惊。谁家别馆池塘里，一对鸳鸯画不成。

世尊瞒，迦叶彻。未免多了又多，不如似楔出楔。

只此一笑，天地皆破。拈已无形，那有这个？

拈也着，笑也着。佛法自有别传，良久茫无下落。

拈是大机，笑是大用。欲辩真锋，元无一缝。

世尊画蛇，迦叶添足。虽是传妙心，阿难不中毒？

世尊升座，业已了了。见花破颜，终为失晓。

迦叶有实相，人天空怅望。和盘尽在一拈，三昧元无榜样。

拈虽隐约，笑也朦胧。任你佯为得意，不如一阵清风。

拈底悄悄，笑底扰扰。世尊太索然，迦叶错认了。

拈者混沦，笑者活泼。多少人天，望梅止渴。

世尊青莲目，迦叶赤须胡。虽与人天混杂，到底色相全无。

拈也茫然，笑也茫然。动着了也，苍天苍天。

世尊有手无手，迦叶有口无口。试问百万人天，佛法如然是否。

拈者不受一尘，笑者相去万里。得也在此，失也在此。人天有路莫逡巡，铁船可驾元无底。

拈乃前三三，笑乃后三三。睁开翳眼见优昙，好难参！不是观音妙，哪知弥勒憨。

人天所仰非花，迦叶所笑亦非花。没交涉处莫周遮。世尊登了座，满地都是癞蛤蟆。

拈一过，笑一过，拈一堕。鸿濛终是鸿濛，不如遂他未破。

迦叶有心，人天无眼。不能转法轮，皆为法轮转。世尊深沉，迦叶唧留。满地风光，不暇自挟。

恁么拈，恁么笑，说无穷，还有穷。恁么恁么，两俱非妙。

拈处非拈不躲根，虽云吾有实无存。若将正眼传消息，见见何曾见世尊。

世尊悬羊，迦叶卖狗。无而有是耶否，回头仔细狮吼。

拈来不见一法，笑处哪有锋芒？必先游于象罔，方才坐断洪荒。

世尊借，迦叶借。借说谁？只眼难瞒，早已远退三舍。

拈在手中，笑在口中。有影无影，人空法空。

世尊奥而又奥，迦叶深而益深。纵使人天能解脱，已留案臼到如今。

世尊是无极，迦叶是太极。使遇周濂溪，当面也不识。

瞿昙两手分付，迦叶十字大开。世缘虽斩断，佛法安在哉?

拈者虽有影，笑者本无为。寄世语黄面老，须可惜两行眉。

世尊有手无心，迦叶迷头认影。佛法如此空未空，语甚夺人不夺境。

拈有源头，笑无下落。不如划底不会，眨眼尽成糟粕。

人天眼里无花，笑者亦是漆捅。若非万境消沉，不见本来面孔。

一笑便无眼水，早已妄传消息。花开固是分明，何如道个不识。

一拈有影寥寥，一笑无声浩浩。明明摆在面前，何尝不向你道。

隐也不妨，露也不妨。辜负灵山无法会，竟无一个承当。

世尊欲掩弥彰，迦叶得少为足。至今冷笑茫然，不知可为花不?

世尊无言不当哑，迦叶有省未承当。若不睁开具眼，难免认为作郎。

迦叶宛如此，人天较些子。世尊只一拈，两俱断送矣。

拈处分明，笑处儱侗。直要相谩，不顾鼻孔。

世尊描不就，迦叶画不成。一拈一笑明相委，乌豆安能换眼睛?

拈者有无可凭，笑者无本可据，众目觑着当前，佛法果在甚处。

拈处了然，笑处宛然。迦叶迷这真无相，教外何曾有别传。

世尊泥水不粘，迦叶迷悟相兼。其如抛撒兜罗手，家破人亡在一拈。

世尊无法，迦叶无疑。针芥相投在此时，人天岂是亲切无如不知。

拈处无迹，人天见差。迦叶纵能睁活眼，何曾窥着一些些。

如此只如此，拈来岂得已。迦叶若能相忘，佛法完全到底。

迦叶得意，人天失利。请问世尊是一是二?

信手拈来处，无风起浪时。破颜春已去，断送未萌枝。

拈与笑不隔一间，笑与拈幻而又幻。韩信功高谁与同? 转身拆却连云栈。

世尊举手无端，迦叶瞥眼有翳。两个一场懡㦬，断送西来默契。

世尊无手行拳，迦叶不足即到。虽云挂角扫除，早已开门揖盗。

兀坐老头陀，拈处也婆娑。有人才捏目，鹞已过新罗。

花不知春，世尊以手。见花非花，人天却是。迦叶所得无凭，也是糠秕引狗。

拈也无痕，笑亦未瞥。世尊元不设藏，迦叶何曾漏泄。

世尊口中无舌，迦叶眼中有屑。岂期涅槃妙心，顿成一场败缺。

拈者心灭法灭，笑者心生法生。若将正眼窥无始，弓影非蛇不必惊。

灵山无实相，认着路全迷。惟有拈来处，不与贼造梯。

授受须觌面，只有化可见。佛虽了了然，尚未通一线。

世尊不拈亦不可，迦叶不笑亦可。示众岂在扫迹？惟有捋根去躲。

拈不在先，笑不在后，通未通，透未透。任伊两不相投，难免一场逗漏。

拈者元非实相，笑者见个甚么。任它人天有眼，毕竟佛法无多。

世尊举，迦叶喜。人天死，如此不如此？便是吾宗旨。若不掉回头，已不在这里。

垂手不去入廛，破颜不妨示众。正法毕竟颟顸，性命从此断送。

世尊不住相，迦叶若为容。欲见灵山真面目，回头犹隔几千里重。

拈也无端，笑也无端。何如全然不会，倒却门前刹竿。

世尊有而无，迦叶无而有。人天有有无无，得不合取狗口。

拈处固非法旨，笑处已有机锋。一一俱成实相，谁云即色即空。

人天元不迷，迦叶恐自误。拈处不见拈，才为无所住。

世尊空垂一手，迦叶眯却双眸。示众虽有榜样，杀人不用戈矛。

拈是止嚼黄叶，笑容宛在眉睫。若不踢倒灵山，毕竟无有交涉。

拈手毒，笑颜更毒。人天众多，以毒攻毒。从作返魂丹，一口吞了尊两足。

世尊有形，迦叶有窍。百万人天要不要？拈笑拈笑，早知到底茫然，何为吹灯取照？

拈处何曾拈，笑处何曾笑？买无价可偿，卖无人肯要。

一不泄，一不默。百万有情无情，大似无得而得。

拈既无机，笑有了义。打破此关，天下无事。

拈在这边，笑在那畔。返视大好支离，谁说灵山未散。

拈者模糊，笑者都卢。饮光若有过师智，觌面承当迹也无。

拈与笑对，各有三昧。灵山虽俨然，虚空已粉碎。拈者若戏，笑者不啻。回首灵山，一场特地。

拈是爱己身，笑是贪他宝。若要不爱不贪，是法终归一扫。

实相本如如，笑者无交阁，世尊若不拈，混沌安能凿？

拈处何曾料，笑处可相口。除了人空法空，那有三去三要？

世尊彼岸，迦叶此岸，百万人天空浩瀚。若从身里出门，祖也烂，佛也烂。

拈处欣欣，笑处屑屑。正眼看来，不无生灭。

迦叶一见了了，也因花是钵罗。人天无有得处，不知欠个甚么？

世尊默然，迦叶欣欣。枉将手眼作功勋。不如幽鸟衔了去，散作天香到处闻。

岂是手拈，却如泥塑。人天虽少笑容，迦叶终归罔措。

迦叶见以目，人天见以目。是花非空花，碌碌。佛法若恁么，髑髅也把双眉蹙。

一拈折断肱腕，一笑指破面门。不在当机放下，必然殃及儿孙。

颜才破，迹未扫。春正浓，花已槁。寄语百万人天，会取不会底好。

祖以眈贫有后昆，传家赤子亦无存。其如平地风波起，转把贻谋累世尊。

千古有灵山，啐啄同一窍。世尊若不拈，迦叶亦不笑。枉使瞎眼禅和，费了多少曲调。

见若眼已穿，冷笑也徒然。若知只这是，说甚来拈前。

迦叶得，人天失。圣谛以无为第一，若到口口妙心。拈也不必，笑也不必。

1673 年，清康熙年间，一个寒冷的冬天。

大理感通寺写韵楼。

担当生病了。

病症来得很突然，偶感风寒后，饭吃不下，就一直卧床不起，徒弟广厦服侍在身边，开始还抓了药，吃了几副还是不见好。

刚完成了《罔错斋联语》的校对，刚完成了《拈花颂百韵》的写作，还完成了《三驼图》的创作，一切都正常的进行的时候，疾病却偏偏找到了这位八十一岁的老人。

冬天的苍山，罡风正起。叶榆城的风是出了名的大，特别是在冬天，更是寒冷彻骨，苍山上的积雪堆得很厚，时不时在叶榆城落下，一片白雪皑皑的世界。

这再也激发不起担当的游玩的意味，再也引不起他的创作的灵感，每日以汤药调理，有时还昏沉沉地睡过去，卧床不几日，老人已经渐渐消瘦了许多。

每天来索画的人很多，都被广厦打发走了。

一些朋友闻听消息也纷纷来探望，当地的一些官员也闻讯派人问候和送药来。

在几年前，有人误传担当去世的消息，引得很多朋友悲伤不已，还用各种的方式来祭奠他，还写了大量的祭祀诗文，可等到感通寺里一看，担当还好好的，于是大家虚惊了一场，为此还成了笑谈。朋友们希望这一次生病也是来得快去得快，过不了几天就会好的，像上次那样也是让人虚惊一场。

五天过去了，还不见好，八天过去了，还是不见好转，反而还越来越重了。

徒弟广厦一筹莫展，不得已忙派人到昆明去请已经还俗的侄子朱昂。叫他务必紧急来大理一趟。

“舅舅，舅舅，孩儿来看你啦，你好点了吗？”一个急促的声音在担当的耳边响起，八天后，闻讯从昆明赶来的朱昂，来到担当的病床前，看着自己的舅舅，才几年不见，已不成人形，朱昂心痛不已。

仿佛是梦中漫游的担当突然听到了他熟悉的声音。他努力地睁开眼睛，仔细辨认着自己的侄子。

“孩子，你——来——啦，多会儿到的？”担当吃力地问道。这个一直跟在他身边做和尚的侄子，为了给朱家延续香火，早在鸡足山时就被他打发下山，还俗。已有几年不见了。现在，面前的侄子已留了头发，一副清人的打扮。

“刚到，舅舅，你好点了吗？”

“这次——病得——不同以往啊，估计我将不久于人世啦。”

“舅舅，你不要担心，你……会好起来的。”朱昂几乎哽咽。

“孩子，人都有一死的，我已经八十一岁啦，也算长寿之人了……”

剧烈的咳嗽使担当说不出话来，在徒弟广厦的帮助下，他喝了一口汤药，就摆手不再喝了。

“我走了之后，你记着，回去通知一下晋宁的亲属就可以了，路途遥远，也不用他们来祭奠，我是方外之人，不用搞得过于繁杂。”担当慢慢地说道。

“是，孩儿记住了。”

“你——切记，我如不测，你在我的墓碑上写下明遗僧普荷之墓足矣。”说完这些话后，担当又躺倒在床上，就再不出话。

广厦和朱昂等人只得在床边照料，一边暗自神伤，一边并为他做后事的准备。

就在卧床第十九天的一个早晨，担当突然从床上坐了起来，突然变得很有精神，他在徒弟的帮助下穿好衣服，盘腿闭目端坐，示意徒弟拿笔拿纸，徒弟们很惊奇地把纸笔准备好，大家都来到他的房间来看动静。

众人都屏住呼吸，房间里静寂无声，唯有屋外呼呼的风声在响。

只见担当仍旧闭目端坐，手里执笔，微微颤抖。

只见他缓缓睁开眼睛，对一屋子的人扫视了一下，眼神平静，仿佛又恢复原来的神态。

他开始在纸上写字，速度很快。朱昂看到舅舅在纸上写的字：

天也破，
地也破，
认作担当便错过，
舌头已断谁敢坐。

写完后，担当“啪”的一声，抛笔，又端坐，双手合十，眼睛缓缓地闭上，又不动了。

“师傅……”“舅舅……”“师祖……”“大师......”悲声渐起。

大家知道担当已去，悲声越来越大。

按照佛家惯例，大家把担当的遗体入龛。

第二天，举行了隆重的仪式，僧众迎送担当的遗体到班山堂中，供养五天。

然后，按照惯例火化，佛家称为“荼毗”，火化完毕，大家在他的骨灰中，竟然发现了数颗舍利子。

大家在苍山佛顶峰下，为担当建了一座佛塔，把他的骨灰供奉在塔里。

第二年，徒弟广厦到楚雄，找到担当的好友、在楚雄任职的冯甦，请他为担当墓塔写一篇铭文，冯甦答应了，并很快完成了铭文。铭文如下：

师讳普荷，号担当，云南晋宁州唐氏子，其先浙之严州人。明初徙滇，祖讳廷俊，举乡书第一，屡上春官不第，遂弃去，专研精古文辞。父讳世修，亦以孝廉仕终临洮郡丞。母宜人郭氏，梦白鹤入怀，娠而生师。时万历癸巳三月十有二日也。生而颖悟。初名泰，字大来。读书善属文。年十三，补弟子员，尤工诗赋，才名噪海内。

天启中，以明经入对大廷。遍游五岳，尝执贽于李本宁、太史董玄宰宗伯两先生之门。本宁称其诗曰：“清而不薄，婉而不伤。法古而不袭迹，卑今而不吊诡。”玄宰曰：“温淳典雅，不必赋帝京而有四杰之藻；不必赋前、后出塞而有少陵之法。”陈眉公征君亦有“灵心遒响”之评。其见重于海内巨公如此。至会稽，参云门湛

位于大理感通寺的担当大师止塔

然禅师于显圣寺中，觌面相承，授以禅旨。时因母在，遂回滇。及母养告终，中原寇盗蜂起，知明祚将尽，复修出世之志。从无住禅师受戒律，结茅鸡足山，息机养静，十年览藏，十年面壁，由博而约，由约而化。不上堂说法，无非法者。师素工书翰，得玄宰家法，画不取似，有笔外意。一时碑碣及贵家屏障图册，咸藉之以为重。求者麇至，师亦如意应之。晚居点苍山之感通寺，宦游叶榆者，无不就寺谒师。师不避客，报谒如常礼，惟绝口不及世事。词色蔼然，无诗僧相，并无禅师相。以是人人乐从师游，恨相见晚也。所著有《翛园》《橛庵草》《罔措斋联》《杂诗偈》，最后为《拈花颂百韵》。其自序曰：予自六十以至七十不能作此一颂，又自七十以至八十，不能作此一颂。幸而天假以年，一日能作数颂，未数日即得若干首。先难后获，予亦不知也。其言具在，可谓了然悟道者矣。癸丑孟冬，示微疾，十有九日，晨起端坐，辞众书偈曰："天也破，地也破，认作担当便错过，舌头已断谁敢坐"，掷笔而去。身顶热，一日入龛。又二日，四众迎送班山堂中，供养五日。荼毗毕，拣骨时有坚固子。春秋八十有一，僧腊三十有二。建塔于苍山佛顶峰下。明年弟子广厦至楚乞铭于余。余素与师善，因为序而铭之。

铭曰：始焉儒，终焉释。一而二，二而一。洱海秋涛，点苍雪壁。迦叶之区，担当之室。

这篇铭文较详细地记载了担当生平事迹，较为翔实，描述得体，是历代研究担当的珍贵资料。

它于康熙十三年，也正是吴三桂叛乱的大周建元甲寅年立，后来随着岁月更迭，原来的塔铭被毁。目前，感通寺的担当墓塔保存完好，高 3.5 米，直径 2.5 米，为窣堵波式的石塔，上书“担当大师止塔”，《担当大和尚塔铭》为 1949 年重刻。

担当，云南一代诗书画大师长眠于美丽的苍山脚下，伴风花雪月，洱海波涛，任斗转星移，风云变幻，沧海桑田。

参考书目

1. 余嘉华、杨开达点校：《担当诗文全集》，云南人民出版社、云南美术出版社 2003 年版。

2. 李昆声主编：《担当书画全集》，云南人民出版社、云南美术出版社 2001 年版。

3. 方树梅纂辑：《滇南碑传集》，云南民族出版社 2003 年版。

4. 方树梅纂辑：《续滇南碑传集》，云南民族出版社 1993 年版。

5. 朱惠荣校注：《徐霞客游记》，云南人民出版社 1985 年版。

6.《云南鸡足山志》，鸡足山佛教协会 1985 年翻印。

7. 高曌映撰辑：《鸡足山志》，云南人民出版社 2003 年版。

8. 陈垣：《明季滇黔佛教考》，中国社科出版社 1995 年版。

9. 顾诚：《南明史》，中国青年出版社 2003 年版。

10. 陈宝良、王熹：《中国风俗史明代卷》，上海文艺出版社 2005 年版。

11. 张廷玉等编：《明史》，中华书局 1974 年版。

12. 余嘉华：《古滇文化思辨录》，云南教育出版社 1997 年版。

13. 张琦娟编著：《千年古刹盘龙寺》，云南人民出版社 1992 年版。

14.《晋宁唐氏家谱》，手抄本。

15. 林光东辑录：《盘龙诗抄》，手抄本。

16. 计六奇撰：《明季南略》，中华书局 1984 年版。

17. 张楠、何绍祥编：《观音塘　感通寺览胜》云南民族出版社 2000 年版。

18. 释印严主编：《妙峰山志》，云南人民出版社 2008 年版。

19. 王自林主编：《水目山故事》，云南美术出版社 2004 年版。

20. 许天侠编著：《走进神秘的鸡足山》，云南美术出版社 2004 年版。

21. 张中行：《禅外说禅》，中华书局 2006 年版。

22. 黄裳：《银鱼集》，安徽教育出版社 2006 年版。

23.《云南鸡足山志补》，鸡足山佛教协会翻印。

24.《晋宁州志》，道光二十年印。

25. 李根源：《新编曲石文录》，云南人民出版社 1988 年版。

26. 苍雪著，杨为星注：《苍雪大师“南来堂诗集”诗注》，云南人民出版社 2011 年版。

27. 宾川县志编纂委员会编：《鸡足山志》，云南人民出版社 1991 年版。

28. 徐嘉瑞：《大理古代文化史》，云南人民出版社 2005 年版。

29. 冯甦：《滇考校注》，云南人民出版社 2002 年版。

30. 王运生注：《滇诗丛录简编》，云南人民出版社 2001 年版。

31. 方树梅：《笔记二种》，云南人民出版社 2001 年版。

32. 余嘉华、易山主编：《云南历代文选　碑刻卷》，云南人民出版社 2014 年版。

33. 邱宣充、张瑛华编著：《云南文物古迹大全》，云南人民出版社 1992 年版。

34. 李栋：《担当大师》，云南人民出版社 2010 年版。

35. 张文勋主编：《云南历代诗词选》，云南人民出版社 2002 年版。

36. 无名氏：《吊担当诗有引》，清朝手抄本。